Bill Bright

Gottes Handeln erwarten

Geistliche Erneuerung
durch Fasten und Beten

Bill Bright

GOTTES HANDELN ERWARTEN

Geistliche Erneuerung durch Fasten und Beten

hänssler
campus für christus

IMPRESSUM

Die amerikanische Originalausgabe ist erschienen bei:
ⓒ New Life Publications, Campus Crusade for Christ, Orlando, Florida, 1995, unter dem Titel: The Coming Revival, America's Call to Fast, Pray and „Seek God's Face"

ISBN 3-88404-102-9
Best.-Nr. 251.102

ⓒ Campus für Christus, Gießen, 1996

Bibelzitate, sofern nicht anders angegeben:
Altes Tesament nach „Das Alte Testament nach der Übersetzung Martin Luthers", revidierte Fassung von 1984. ⓒ Deutsche Bibelgesellschaft, Stuttgart.
Neues Testament nach „Hoffnung für alle", ⓒ Brunnen-Verlag Basel und Gießen, 1991.

Übersetzung: Elisabeth Richter
Textbearbeitung: Bodo Woltiri, Michael Mogel (verantwortlich)
Umschlag und Gestaltung: Claudia Dewald
Herstellung: Ebner Ulm

campus
für christus

Den Menschen unserer Zeit
Christus vorstellen

INHALT

Vorwort *(Horst Marquardt)* 7

Einleitung 9

Gottes Handeln erwarten *(Bill Bright)*

  1. Kapitel: Im Belagerungszustand 11
  2. Kapitel: Gottes Ruf 17
  3. Kapitel: Unter dem Gericht Gottes 27
  4. Kapitel: Die kraftlose Kirche 41
  5. Kapitel: Kennzeichen einer Erweckung 53
  6. Kapitel: Das Feuer vom Himmel 65
  7. Kapitel: Die Kraft des Fastens und Betens 75
  8. Kapitel: „Warum sollte ich fasten?". 83
  9. Kapitel: Die Vorbereitung auf das Fasten 101
10. Kapitel: Durchführung und Beendigung des Fastens 119
11. Kapitel: Am Scheideweg 129
12. Kapitel: Hoffnung für Europa *(Leo Habets)* 139

Anhang A 147
Durch Fasten und Gebet Gottes Handeln erwarten
Eine Fastenpredigt *(Arno Kawohl)*

Anhang B 153
Wie man seine Gemeinde im Fasten anleiten kann *(Julio Ruibal)*

Anhang C 157
40 Tage Fasten und Beten. Ein Erfahrungsbericht *(Richard Stevens)*

Anmerkungen 161

Literaturhinweise 167

VORWORT

Wir als Volk leben heute im schwierigsten Abschnitt unserer Geschichte", schreibt Bill Bright in seinem Buch. Er beweist das auch und spricht über den Zerfall der amerikanischen Gesellschaft. „Eine Nation ohne Seele" nennt er Amerika.

Die Folge dieser Seelenlosigkeit ist eine unübersehbare Säkularisierung des öffentlichen Lebens, dringende soziale Probleme, die Zersetzung der traditionellen Familie, ein Geist der Selbstsucht („erst komme ich!"), fragwürdige Entscheidungen des obersten Gerichts und anderes.

Manche Schilderung amerikanischer Fehlentwicklungen kommt einem bekannt vor. Mit kleinen Abstrichen oder Ergänzungen könnte vieles davon auch über Deutschland gesagt werden. Sind wir vielleicht auch längst eine „Nation ohne Seele"?

Bill Bright weist darauf hin, daß die Kirchen häufig wie gelähmt dieser Entwicklung gegenüberstehen. Oft sind sie auch vom Zeitgeist infiziert. Wenn nicht sie, wer könnte dann einen Ausweg aufzeigen? Antwort: Nur Menschen, die in bewußter Abhängigkeit von Jesus Christus leben. Nur sie können etwas ändern - wenn sie wollen. Die Mittel sind bekannt: Beten und fasten.

Bill Bright hat dazu nicht nur aufgerufen, sondern es selbst praktiziert. Andere namhafte Vertreter christlicher Kirchen und Organisationen stellten und stellen sich an seine Seite. Sie alle haben angefangen, um eine Erweckung zu beten. Der amerikanische Buchtitel („The Coming Revival") läßt erkennen, daß die Beter sich dessen gewiß sind, daß Gott erhören ihr Gebet erhören wird.

Ich wünsche mir einen geistlichen Aufbruch auch hier. Notwendig ist in der nächsten Zeit nicht so sehr die Beschäftigung verantwortungsbewußter Christen mit allen möglichen ungelösten Problemen unserer Zeit. Was andere gesellschaftliche Gruppen auch

8

tun könnten oder bereits tun, vielleicht sogar besser als wir, muß nicht auch noch von Kirchen und Gemeinden aufgegriffen werden. Aber was glaubenslose Menschen nicht vermögen - das kann Gott von uns erwarten, nämlich, daß wir uns als Nachfolger Jesu vor ihm beugen und uns bei ihm für die Versäumnisse und Fehlentscheidungen unseres Volkes entschuldigen. Stellvertretend für unser Volk sollten wir als Christen Gottes Angesicht suchen, ihm die Ehre geben, ihm gehorchen, dem Nächsten gewähren, was wir uns selbst zugestehen.

Ich konnte dieses Buch nicht nur im Blick auf Amerika lesen, ich habe mich immer wieder gefragt, was das für Deutschland bedeutet. Auch in Deutschland würde uns ein geistlicher Aufbruch, eine Erweckung, helfen. Nur so könnte die noch immer gespaltene Nation zusammenfinden - nur so könnte die Ellbogengesellschaft überwunden werden - nur so könnte der Kampf gegen Drogenmißbrauch, wachsende Kriminalität und Gewaltbereitschaft gewonnen werden. Gott versprach seinem Volk, daß er es heilen wolle, wenn es sich von seinen bösen Wegen bekehren würde. Das gilt auch für unser Volk. Ich wünsche mir und den Verlegern, daß Bill Brights Buch dazu beiträgt.

Horst Marquardt, Wetzlar

Horst Marquardt ist Internationaler Direktor
von Trans World Radio

EINLEITUNG

*E*s gibt keinen Ersatz für Fasten und Beten. Wenn Gottes Volk sich sammelt, um sein Angesicht und seine Weisungen zu suchen, werden Herzen erneuert und Nationen gewandelt." Das sagte Randy Phillips, der Präsident der amerikanischen Männerbewegung *„Promise Keepers"* (etwa: Worthalter), nach einem dreitägigen Fasten und Beten in Orlando (Florida), an dem 1994 mehr als 600 christliche Leiter aus den Vereinigten Staaten und Kanada teilnahmen. Zusammengerufen hatte sie Bill Bright, Gründer und Präsident der amerikanischen Missionsbewegung Campus Crusade for Christ (Campus für Christus).

Bill Bright faßte den Entschluß, die Leiter aller nordamerikanischen Denominationen zu einem solchen Treffen einzuladen, nachdem er selbst im Sommer 1994 vierzig Tage lang gefastet und gebetet hatte. Während dieser Zeit zeigte ihm Gott die Notwendigkeit, für eine nationale Erweckung in seinem Volk zu beten. Dem Treffen der 600 folgte im Jahre 1995 ein noch größeres in Los Angeles: Im November versammelten sich dort mehr als 3500 christliche Leiter und Mitarbeiter aus allen Kirchen und Freikirchen, um für eine geistliche Erneuerung Amerikas zu beten.

Für die Förderung von Fasten und Beten in allen christlichen Gemeinden weltweit will Bill Bright auch das Preisgeld einsetzen, das ihm der *„Templeton-Preis für Fortschritte in der Religion"* 1996 eingebracht hat. Pastoren und ihre Mitarbeiter sollen dafür geschult und ausgebildet werden.

Das vierzigtägige Fasten von Bill Bright ist - neben anderen Entwicklungen - bezeichnend für eine Bewegung der geistlichen Erneuerung, die nicht nur in Amerika spürbar ist, sondern auch in Europa erste zarte Triebe zeigt. Nach seinem Fasten begann er dieses Buch zu schreiben, das nun in einer gekürzten und bearbeiteten deutschen Fassung vor Ihnen liegt.

„Die kommende Erweckung - der Aufruf an Amerika, zu fasten, zu beten und Gottes Angesicht zu suchen", so lautete der Titel der amerikanischen Originalausgabe. „Gottes Handeln erwarten" heißt nun die deutsche Ausgabe. Und nichts beschreibt die Haltung Bill Brights treffender als diese Aufforderung.

Gewissermaßen als Zusammenfassung seines Anliegens kann ein Abschnitt aus dem vierten Kapitel gelten: „Als Christen müssen wir vom Aufstehen bis zum Schlafengehen Gott von ganzem Herzen und ganzer Seele, von ganzem Verstand und mit aller unserer Kraft lieben, seine Gebote befolgen und seinen Verheißungen vertrauen. Das ist alles. Daraus ergibt sich dann alles weitere. *Darum wird es bei der kommenden Erweckung gehen: daß Gottes Volk zur Umkehr gerufen und zur ersten Liebe zurückgeführt wird, zu einem Leben des Glaubens und fröhlichen Gehorsams.*"

1. Kapitel

IM BELAGERUNGSZUSTAND

Seit mehreren Monaten hatte ich den moralischen und den geistlichen Niedergang unseres Landes immer stärker empfunden. Der rasante Werteverfall in unserem Volk lag wie eine schwere Last auf mir. Und mir wurde immer deutlicher bewußt, daß wir Gott anrufen müssen, um unserem geliebten Land eine Erneuerung zu senden.

Immer stärker war ich davon überzeugt, daß es Gottes Wille für mich war, 40 Tage lang für eine Erneuerung Amerikas (gemeint sind immer die Vereinigten Staaten) und für die Erfüllung des Missionsauftrags in der ganzen Welt zu fasten und zu beten.

Seit meiner Bekehrung 1944 hatte ich zu verschiedenen Anlässen gefastet. Aber ich war nie so geführt worden, daß ich mir über ein vierzigtägiges Fasten auch nur Gedanken gemacht hätte. Zuerst stellte ich deshalb Gottes Aufforderung in Frage. Vierzig Tage ohne richtige Nahrung erschienen mir eindeutig zu lang! Außerdem war der Gedanke naheliegend, daß dies keine angenehme Erfahrung sein würde. Aber mit jedem Tag wurde sein Ruf stärker und klarer. Schließlich war ich davon überzeugt: Ich sollte versuchen, vierzig Tage zu fasten. Ich war nicht sicher, ob ich es schaffen würde. Es war ein neues Abenteuer für mich.

Ein Blick in den Kalender zeigte mir: Es ist nicht so leicht, vier, geschweige denn 40 nicht verplante Tage am Stück zu finden. Also sagte ich einige Termine ab und kürzte andere Aktivitäten, soweit dies möglich war. Ich wußte, daß Gott mich dazu rief, und er würde mir keine solche Berufung geben, ohne einen Zweck damit zu verfolgen. Deshalb kamen in meinem Herzen Begeisterung und Erwartung auf, als ich mein Fasten begann.

Warum solch ein langes Fasten? Ich glaube, der allmächtige Gott berief mich dazu, weil die Sünden Amerikas und die der Kirche so zahlreich sind. Gott legte mir dies aufs Herz, ebenso wie die starke Notwendigkeit, die Erfüllung des Missionsauftrags in dieser Generation weiter voranzutreiben.

Kennzeichen Selbstsucht

Amerika befindet sich in einem Belagerungszustand. Millionen Amerikaner scheinen innerlich in Böses verstrickt zu sein. Überall können wir die Folgen sehen: Verbrechen, Scheidung, Gewalt, Selbstmord, Drogenabhängigkeit, Alkoholismus, Schwangerschaften minderjähriger Mädchen, Lüsternheit, Pornographie, Unzucht, Ehebruch und Sodomie wuchern wild.

Fernsehprogramme bringen schmutzige Sexszenen in die Wohnzimmer. In der Schule werden Kondome an die Kinder verteilt. Militante Homosexuelle demonstrieren halbnackt in den Straßen unserer Hauptstadt und fordern Anerkennung und besondere Rechte als Minderheit.

Amerika schlachtet viele Millionen ungeborener Babies im Mutterleib ab und verhaftet die, die diesem Blutvergießen mit friedlichen Mitteln ein Ende setzen wollen.

Funktionäre haben heftig dafür gekämpft, Gott aus unseren Schulen zu verbannen. Einflußreiche Kräfte in unserem Land wollen es für ungesetzlich erklären, in den Schulen und am Arbeitsplatz den Namen Jesus zu erwähnen, Bibeln bei sich zu tragen, religiöse Bilder zu zeigen oder christliche Anstecker zu tragen. Sie argumentieren, daß dies eine aktive Belästigung der Umgebung darstelle.

Wir als Volk haben es inzwischen auf eine Staatsverschuldung von drei Billionen Dollar gebracht. Diese Summe steigt in alarmierendem Tempo und droht, unser Volk in den nächsten paar Jahren in den Bankrott zu stürzen. In vielen Fällen werden unser Staat und die örtlichen Regierungen angeklagt, sich mit organisiertem Verbrechen zu verbünden, indem sie Lotterie- und Glücksspiel legalisieren. Sie nehmen dadurch den Status der größten Glücksspielorganisatoren der Welt ein.

Selbstsucht ist ein Kennzeichen der Menschen geworden. Amerikaner werden immer zynischer und immer unbarmherziger. Ihre Einstellung gegenüber Minderheiten, Asylanten und Armen hat sich verhärtet. [1]

Dieser rapide moralische Verfall kann bis in die Tage zurückverfolgt werden, als der säkulare Humanismus die Kontrolle in unserem Land übernahm. Die Menge von Amerikas Sünden hätte noch das Alte Rom übertroffen, dessen moralischer Niedergang schließlich zur Selbstvernichtung führte.

Die Kirche schläft

Und wo ist die Kirche? Zum größten Teil schläft sie, ist durchsetzt von den materialistischen Begierden der Welt und weiß wenig über geistliches Leben. Sie ist selbstzufrieden und fühlt sich wohl, sie denkt, daß sie alles hat und nichts braucht.

Dieses Bild ist ein Abbild der Gemeinden in Ephesus und Laodizea, die in Offenbarung 2,1-7 und 3,14-21 beschrieben werden, und zu denen Gott diese ernüchternden Worte sprach:

„Aber das eine habe ich gegen dich: Du liebst mich nicht mehr so wie früher. Erinnere dich daran, mit welch leidenschaftlicher Hingabe du dich einmal für mich entschieden hast. Was ist davon geblieben? Kehre um, und werde wieder so, wie du am Anfang warst. Wenn du dich nicht von Grund auf änderst und zu mir umkehrst, werde ich kommen und deinen Leuchter von seinem Platz stoßen." (Offenbarung 2,4-5)

„Ich kenne dich genau und weiß alles, was du tust. Du bist weder kalt noch heiß. Ach, wärst du doch das eine oder das andere! Aber du bist lau. Das ekelt mich an, und ich werde dich ausspucken. Du hältst viel von dir und sagst: ‚Ich bin reich und habe alles, was ich brauche!' Was bist du nur für ein Narr! Du

merkst gar nicht, wie es wirklich um dich steht und wie jäm-
merlich du dran bist: arm, blind und nackt bist du." (Offenba-
rung 3,15-17)

Diese Beschreibungen geben lediglich einen Ausschnitt des be-
sorgniserregenden Zustands unseres Volkes wieder. Unser großes
und von Gott gesegnetes Volk hat seine einst so feste Grundlage
biblischer Prinzipien verlassen. Ein Großteil der Kirche ist spiritu-
ell impotent und ermangelt eines persönlichen und intimen Um-
gangs mit Gott. Einmal dem Kult des Komforts verfallen, ist mit der
Kirche nicht mehr zu rechnen. Sie hat weithin den Respekt im Volk
verloren und ist oft ein Objekt des Spotts. Tragischerweise ist sie
der allerletzte Ort, an dem unser Volk Hilfe suchen würde.

Eine Warnung

Ganz gewiß braucht unser Volk einen Besuch unseres großen
Gottes im Himmel. Wir brauchen ein neues Pfingsten! Viele christliche Leiter im ganzen Land weisen darauf hin, daß Amerika sich
selbst zerstört, wenn es nicht von seinen bösen Wegen umkehrt.
Ich glaube, daß Amerika unter dem Gericht ist! Gottes Gericht
kommt nicht erst, es ist bereits da. Deshalb schwappt eine Welle
des Bösen ungehindert über unser Land.

In der Bibel kündigt Gott an, daß er sein Volk für seinen andau-
ernden Ungehorsam strafen und unter das Gericht bringen werde:

„Wirst du aber den Herrn, deinen Gott, vergessen und an-
dern Göttern nachfolgen und ihnen dienen und sie anbeten, so
bezeuge ich euch heute, daß ihr umkommen werdet; eben wie
die Heiden, die der Herr umbringt vor eurem Angesicht, so wer-
det ihr auch umkommen, weil ihr nicht gehorsam seid der Stim-
me des Herrn, eures Gottes." (5. Mose 8,19)

Ein Wort der Hoffnung

Als ich mein Fasten begann, war ich immer noch nicht sicher, ob ich 40 Tage durchhalten könnte. Aber ich war zuversichtlich, daß Gott mir helfen würde. Seine Gegenwart ermutigte mich täglich weiterzumachen. Ich demütigte mich ernsthaft und flehte für Amerika zum Herrn.

Je länger ich fastete, desto stärker spürte ich die Gegenwart Gottes. Der Heilige Geist erfrischte meine Seele und meinen Geist wie nie zuvor. Biblische Wahrheiten sprangen mir beim Bibellesen ins Auge. Mein Glaube blühte förmlich auf, als ich zu Gott rief und mich seiner Gegenwart erfreute.

Nach drei Wochen Fasten erhielt ich eines Morgens von Gott die Gewißheit, daß er Amerika mit seiner verändernden Kraft aufsuchen würde. Tränen der Dankbarkeit stiegen in mir auf. Es gibt Christen, die behaupten, daß Gott nur durch das geschriebene Wort der Bibel zu uns spricht. Natürlich ist die Bibel das wichtigste Medium, durch das Gott zu uns spricht. Aber er spricht auch durch den Heiligen Geist, der in uns wohnt, zu uns (Johannes 14,26; 16,13). Göttliche Eingebungen stehen immer in Einklang mit seinem heiligen, inspirierten Wort. Gott hat nie hörbar zu mir gesprochen, und ich lege auch keinen besonderen Wert auf Prophetien. Aber seine Botschaft an mich an diesem Morgen war unmißverständlich und klar.

Ich wollte meine Begeisterung mit meiner Frau Vonette teilen. Deshalb erhob ich mich von meinen Knien und erzählte ihr, was der Heilige Geist mir gesagt hatte.

„Amerika und weite Teile der Welt werden vor Ende des Jahres 2000 eine große geistliche Erneuerung erleben!" sprudelte es aus mir heraus. „Und diese Erneuerung wird die größte geistliche Ernte in der Kirchengeschichte hervorrufen."

Vonette war sichtlich bewegt. Wir fielen auf unsere Knie, weinten vor Freude und spürten die Gegenwart unseres großen Gottes, des Schöpfers und des Herrn und Heilandes Jesus Christus. Wir

16

wußten beide, daß er geredet hatte. Wir waren nun gewiß, daß Erweckung kommen würde, und daß Gott sich noch nicht völlig abgewandt hatte wegen unserer großen Sünden als einzelne und als Volk.

Wie ich beten auch zahlreiche andere Christen für eine Erneuerung bis hin zu einer Erweckung. Es wäre eingebildet, ja vermessen, zu glauben, daß Gott einzig auf Grund meiner Gebete dieses schenken würde. Ich möchte in diesem Buch einfach mitteilen, was Gott mir deutlich gemacht hat. Während des Fastens wurde meine Gewißheit täglich größer, und Gott bestätigte den ursprünglichen Eindruck, daß alles, wofür ich betete, erfüllt werden würde. Ich verharrte weiterhin vor Gott und erlebte die Freude in der Verbindung mit ihm wie nie zuvor.

Kurz bevor ich meinen 40. Fastentag erreichte, sprach der Heilige Geist in einem anderen Ton zu mir. Es schien jetzt so, als ob Gott sagen wollte, daß seine Verheißung an Bedingungen geknüpft sei. Ich habe über 50 Jahre damit zugebracht, das Wort Gottes zu studieren und auf Gottes Stimme zu hören. Seine Botschaft an jenem Tag hätte nicht klarer sein können.

2. Kapitel
GOTTES RUF

Als ich in unserem Wohnzimmer vor Gott kniete, war ich ernüchtert über die Bedingungen, an die der Heilige Geist seine Verheißung, Erweckung zu schenken, geknüpft hatte. Diese Bedingungen schienen mit 2. Chronik 7,14 in Einklang zu stehen:

„Wenn mein Volk, über das mein Name genannt ist, sich demütigt, daß sie beten und mein Angesicht suchen und sich von ihren bösen Wegen bekehren, so will ich vom Himmel her hören und ihre Sünde vergeben und ihr Land heilen."

Dieser Bibelvers ging mir nicht mehr aus dem Sinn, und ich spürte, daß der Heilige Geist mir mitteilte, daß Millionen von Christen Gott von ganzem Herzen mit Fasten und Beten suchen müßten, bevor er eingreifen würde, um unser Land zu retten. Der Heilige Geist leitete mich, für zwei Millionen Gläubige zu beten, die sich demütigen und Gott in einem vierzigtägigen Fasten suchen würden. Wieder staunte ich, daß Gott wegen der hoffnungslosen geistlichen Lage unseres Landes eine so umfassende Hinwendung zu ihm forderte.

Aber dann fragte ich mich, wie ich so viele Christen dazu bewegen sollte, zu fasten und zu beten, und sei es auch nur für ein oder zwei Tage, wenn der Kirche insgesamt die Praxis des Fastens verlorengegangen ist.

Auf der Suche nach Wegweisung

Bevor ich mein Fasten begann, hatte ich zu meiner Vorbereitung mehrere Wochen lang Informationen von Ärzten und christlichen Leitern gesammelt. Die Ergebnisse waren mager. Ich stieß nur auf zwei Menschen, die 40 Tage lang gefastet hatten: einer war mein Freund Dr. Joon Gon Kim, Nationalleiter unserer Arbeit in Korea, der andere der international bekannte Evangelist und Gesundheitswissenschaftler Dr. Julio Cesar Ruibal in Colombia, USA.

Als ich kein Material darüber fand, wie man ein vierzigtägiges Fasten durchführt, bat ich Gott um Weisheit, weil ich nicht wußte, was ich tun sollte. Ich sagte: „Herr, ich weiß, daß du mich gerufen hast, vierzig Tage zu fasten, aber ich finde nicht die Hilfe, die ich brauche. Ich möchte nichts Dummes tun. Ich möchte nicht meinem Körper schaden. Er ist dein Tempel. Bitte hilf mir!"

Dann spürte ich, wie er mir sagte: „Mein Volk hat eine der wichtigsten Übungen des christlichen Lebens vergessen, den Schlüssel für Erweckung." Und ich wußte, daß er Fasten und Beten meinte.

Wir können beten, Zeugnis geben, aufmerksam das Wort Gottes lesen, in die Kirche gehen, uns für Gott engagieren und mit ganzem Einsatz Dinge tun, die Gott ehren. All das ist sehr zu empfehlen. Aber der wichtigste Schlüssel, um die Bedingungen von 2. Chronik 7,14 zu erfüllen, sagte der Heilige Geist, ist das Fasten. Wir können nicht über einen längeren Zeitraum fasten und beten, ohne uns selbst zu demütigen und von unseren bösen Wegen umzukehren.

Als Antwort auf meine Frage, wie ich andere überzeugen sollte zu fasten, machte der Heilige Geist mir klar, daß das *seine* Verantwortung war und nicht meine. Und, was noch viel verwunderlicher war: er selbst würde die zwei Millionen Menschen dazu bringen, 40 Tage zu fasten, und ihnen den Wunsch und die Fähigkeit dazu geben. Meine Verantwortung war, ihn von ganzem Herzen, von ganzer Seele und von ganzem Verstand zu lieben, meine eigenen Erfahrungen mit dem Fasten weiterzugeben, seinen Verheißungen zu vertrauen und seinen Geboten zu gehorchen. Alles andere würde er tun.

Innerlich war ich ganz erfüllt von der Erkenntnis, daß Gott selbst sein Volk dazu bewegen würde zu fasten. Ich entdeckte allmählich, daß dieser Aufbruch tatsächlich Gottes souveränes Wirken sein würde; daß er mit Amerika noch nicht fertig ist und immer noch Pläne für unser Land hat. Dann zeigte Gott mir, wie ich diese Botschaft weitersagen sollte.

Aufruf zum Fasten

An meinem 29. Fastentag - ich las gerade 2. Chronik, Kapitel 28 bis 30 - wurde ich an den geistlichen Verfall Judas erinnert, der die Folge der Herrschaft des bösen Königs Ahas war. Er ließ die Tür des Tempels zunageln, sodaß dort niemand mehr Gott anbeten konnte. Er errichtete in jedem Winkel Jerusalems und in jeder Stadt Judas Altäre für heidnische Götter. Es war eine schreckliche Zeit für Juda, das doch der Stamm war, aus dem schließlich der Löwe von Juda, Jesus, der verheißene Messias, kommen sollte.

Ahas sündigte so gegen Gott, daß dieser ihn dem König von Syrien „übergab". Die syrische Armee schlug Ahas und führte viele seiner Leute als Gefangene nach Damaskus. Auch der König von Israel griff an, tötete über 120 000 Soldaten aus Juda und führte 200 000 Frauen und Kinder weg. Als Ahas starb, wurde er nicht geehrt. Er wurde zwar in Jerusalem begraben, aber nicht im Grab der Könige.

Sein Sohn Hiskia, der den Menschenopfern seines Vaters entkommen war, bestieg im Alter von zwanzig Jahren den Thron. Im ersten Monat seiner Herrschaft machte König Hiskia den Tempel wieder auf und reinigte ihn. Dann schickte er ganz Juda und Israel Briefe und rief alle wahren Anbeter Gottes auf, zur jährlichen Feier des Passafestes nach Jerusalem zu kommen. Hiskia sagte vor dem versammelten Volk:

„Unsere Väter haben sich versündigt und getan, was dem Herrn, unserm Gott, mißfällt, und haben ihn verlassen und haben ihr Angesicht von der Wohnung des Herrn abgewandt und ihr den Rücken zugekehrt; sie haben sogar die Türen an der Vorhalle zugeschlossen und die Lampen ausgelöscht und kein Räucherwerk geräuchert und dem Gott Israels kein Brandopfer im Heiligtum dargebracht. Daher ist der Zorn des Herrn über Juda und Jerusalem gekommen, und er hat sie dahingegeben zum Entsetzen und zum Erschrecken, daß man sie verspottet, wie ihr mit euren Augen seht; denn siehe, um dessentwillen sind unsere Väter durchs Schwert gefallen und unsere Söhne, Töchter und Frauen weggeführt. Nun habe ich im Sinn, einen Bund zu schließen mit dem Herrn, dem Gott Israels, daß sein Zorn und Grimm sich von uns wende." (2. Chronik 29,6-10)

Und er bat sie inständig:

„Ihr Israeliten, kehret um zu dem Herrn, dem Gott Abrahams, Isaaks und Israels, so wird er sich zu den Erretteten kehren, die die Könige von Assur von euch übriggelassen haben; und seid nicht wie eure Väter und Brüder, die sich am Herrn, dem Gott ihrer Väter, versündigt haben, so daß er sie in die Verwüstung dahingab, wie ihr selber seht. So seid nun nicht halsstarrig wie eure Väter, sondern gebt eure Hand dem Herrn und kommt zu seinem Heiligtum, das er geheiligt hat für alle Zeit, und dienet dem Herrn, eurem Gott, so wird sich sein grimmiger Zorn von euch wenden; denn wenn ihr euch bekehrt zu dem Herrn, so werden eure Brüder und Kinder Barmherzigkeit finden bei denen, die sie gefangen halten, so daß sie in dies Land zurückkehren. Denn der Herr, euer Gott, ist gnädig und barmherzig und wird sein Angesicht nicht von euch wenden, wenn ihr euch zu ihm bekehrt." (2. Chronik 30,6b-9)

Die wunderbaren Auswirkungen ihrer Passafeier werden ebenfalls berichtet:

Und es freute sich die ganze Gemeinde Judas, die Priester und die Leviten und die ganze Gemeinde, die aus Israel gekommen war, und die Fremdlinge, die aus dem Lande Israel gekommen waren, und die, die in Juda wohnten. Und es war eine große Freude in Jerusalem; denn seit der Zeit Salomos, des Sohnes Davids, des Königs von Israel, war solches in Jerusalem nicht geschehen. Und die Priester und die Leviten standen auf und segneten das Volk, und ihre Stimme wurde erhört, und ihr Gebet kam in Gottes heilige Wohnung im Himmel. (2. Chronik 30,25-27)

Gottes Gnade kehrte an diesem Tag zurück. Er schenkte dem König und dem Volk Gedeihen. Aber eine bestimmte Sache sprang mir ins Auge: Hiskia *schrieb Briefe* und lud darin das Volk ein, zur Feier des Passafestes nach Jerusalem zu kommen.

In ihrem Buch „Experiencing God" (Gott erfahren) schreiben Henry Blackaby und Claude King: „Wenn Gott bereit ist, etwas zu tun, offenbart er einem Menschen oder seinem Volk, was er tun wird ... Als Gott redete, wußten sie, daß es Gott war. Sie wußten, was Gott sagte. Sie wußten, was sie in Antwort darauf tun sollten." [1]

Als ich von Hiskias Briefen las, wußte auch ich, was Gott von mir wollte. Mir schien, ich sollte Briefe an die einflußreichsten christlichen Leiter des Landes schreiben und sie als Gäste von Campus für Christus zum Beten und Fasten nach Orlando in Florida einladen. Die Zeit sollte ausschließlich dafür genutzt werden, Gottes Weisung zu suchen, wie wir, seine Diener, Kanäle der Erneuerung für unser Volk und für die Welt sein könnten.

Ich wußte jetzt, was mein erster Schritt sein würde: Ich sollte Gottes Ruf bekanntmachen und vielen christlichen Leitern einen Brief schreiben. Vonette und ich hatten am Sonntag zuvor eine Fernsehpredigt unseres Freundes, Dr. Adrian Rogers, gesehen. Vonette schlug vor, ihn anzurufen, weil Adrian mir sicher einen guten Rat geben könnte, wie ich mit dem Briefeschreiben vorgehen sollte.

Ich rief ihn an: „Adrian, hör zu, was Gott mir gesagt hat." Als ich ihm die Ereignisse der letzten Stunde erzählte und wie Gott mir aufs Herz gelegt hatte, diesen Brief zu schreiben, war er ganz begeistert und ermutigte mich, dieses zu tun.

Zuerst lud ich 68 einflußreiche christliche Leiter in den Vereinigten Staaten und Kanada ein, mit Vonette und mir ein Einladungskomitee zu bilden. (2) Alle bis auf fünf sagten zu, und diese fünf hatten gute Gründe für ihre Absage. Schließlich arbeiteten 73 Leiter in diesem Komitee mit, und ihre Begeisterung für eine gemeinsame Zeit des Fastens und Betens bestätigte noch einmal, daß der Heilige Geist der Urheber und Durchführer dieser Idee war. Einige bestätigten, daß Gott auch zu ihnen über die Bedeutung des Fastens gesprochen hatte.

Als nächstes entwarf ich einen Brief an andere christliche Leiter, in dem ich sie einlud, vom 5.-7. Dezember 1994 mit uns in Orlando zusammenzusein. Die Überschrift hieß: „Ein besonderer Aufruf zum Gebet und Fasten für Amerika." Ich vermutete, daß viele aus verschiedenen Gründen wohl nicht kommen würden, aber ich betete für wenigstens 300 Teilnehmer. Ich war zuversichtlich, daß der Heilige Geist durch dieses Fasten und Beten zu uns sprechen würde. Und ich erwartete, daß die Teilnehmer zu ihren Radio- und Fernsehprogrammen, zu ihren Kanzeln und verschiedenen Veröffentlichungen zurückkehren würden, um die Nachricht von diesem Aufruf Gottes zur Umkehr in Amerika zu verbreiten. Gott übertraf meine Erwartungen bei weitem: über 600 kamen zusammen!

Die Reaktion so vieler christlicher Leiter hatte mir Auftrieb gegeben, und ich spürte, daß Gott mich führte, ein Buch zu schreiben, um diesen geistlichen Aufbruch weiter zu fördern. Auf Grund meiner eigenen Erfahrung mit Fasten ohne geeigneten medizinischen Rat und weil es so wenig gute Bücher über geistliches Fasten gibt, fühlte ich, daß dieses Buch dringend gebraucht würde.

Andere schließen sich an

Während der ganzen Zeit, in der ich fastete, übte ich keinen Druck auf Vonette oder meine Mitarbeiter aus, mit mir zu fasten. „Gott hat mich zum Fasten berufen", erklärte ich ihnen. „Bitte fastet nicht, weil ich faste - außer Gott macht es euch deutlich."

Einige meiner Mitarbeiter fasteten einige Tage lang. Fünf wurden von Gott so geführt, daß sie volle 40 Tage fasteten. Vonette, meine Frau, spielte eine wichtige Rolle in dieser Geschichte. Sie betete für mich, während sie ihren Aufgaben nachkam. Ihr besonderes Interesse - und ihr Dienst bei Campus für Christus - ist, „Women Today International" zu leiten, eine Bewegung, die viele Frauen dafür gewinnen will, an der Erfüllung des Missionsauftrages mitzuarbeiten. Zwei Wochen, bevor ich mein Fasten beendete, fühlte sie sich von Gott geführt, sich mir anzuschließen.

Ich kann gar nicht in Worten ausdrücken, was das für mich bedeutete. Seit unserer Hochzeit 1948 haben wir eine glückliche und von Gott gesegnete Ehe geführt, aber ihre Entscheidung, mit mir zu fasten, brachte uns noch viel tiefer zusammen. Wir tranken zusammen unser Mineralwasser und die Fruchtsäfte, suchten gemeinsam Gottes Angesicht und horchten auf das, was er vielleicht einem von uns sagen würde.

Fastenfeier mit den Mitarbeitern

An einem Freitagnachmittag, es war mein 39. Fastentag, riefen Vonette und ich mehrere hundert Mitarbeiter unserer Campus für Christus-Zentrale zu einer „Fastenfeier" zusammen, um ihnen unsere Geschichte zu erzählen. Die Mitarbeiter hatten uns sehr unterstützt, uns persönlich oder durch kleine Notizen ermutigt und dafür gebetet, daß Gott uns stärken möge.

Der Versammlungsraum war überfüllt, die Leute lehnten an der Wand oder standen in den Eingängen. Es war Bewegung in der Menge, die sich angeregt unterhielt. Unser Vizepräsident, Dr. Steve

Douglass, der 40 Tage lang eine Mahlzeit pro Tag hatte ausfallen lassen, leitete das Treffen. Dann betrat Vonette das Podium und teilte ihre Vision mit: „Heute morgen kam ich in meiner regulären Bibellese zu Jesaja 58, wo es heißt, daß Gott uns zu Menschen machen will, die im Volk 'die Lücken zumauern und die Wege ausbessern' (Jesaja 58,12). Ich glaube, daß Gott uns zum Fasten berufen hat, damit er uns brauchbar machen kann."

Danach ergriff ich das Wort: „Ich bin davon überzeugt, daß Gott im Leben von uns allen etwas Neues anfangen möchte", begann ich. „Ich glaube, daß er für jeden von uns etwas Besonderes vorhat. Über viele Jahre hinweg hat Gott Campus für Christus das Vorrecht gegeben, mindestens 1,5 Milliarden Menschen das Evangelium mitzuteilen und mehrere zehn Millionen zu einer Entscheidung für Jesus Christus zu führen. Dafür sei Gott alle Ehre und aller Ruhm!"

„Aber selbst in unserem Dienst können wir, wie die Gemeinde in Ephesus, unsere erste Liebe verlieren. Auch wir können eine langsame geistliche Erosion erleben. Deshalb möchte ich euch fragen: Erlebt ihr wirklich eine lebendige und vertraute Beziehung zu unserem Herrn Jesus Christus? Hindert euch irgend etwas in dieser Beziehung? Seid ihr all das, was ihr nach Gottes Willen sein sollt? Gibt es Sünde, die ihr Gott bekennen müßt?" Dann las ich aus dem Römerbrief vor:

„Weil ihr Gottes Barmherzigkeit erfahren habt, fordere ich euch auf, liebe Brüder, mit Leib und Leben für Gott dazusein. Seid ein lebendiges und heiliges Opfer, das Gott gefällt. Einen solchen Gottesdienst erwartet er von euch. Nehmt nicht die Forderungen dieser Welt zum Maßstab, sondern ändert euch, indem ihr euch an Gottes Maßstäben orientiert. Nur dann könnt ihr beurteilen, was Gottes Wille ist, was gut und vollkommen ist und was ihm gefällt." (Römer 12,1-2)

„Wir dürfen nicht vergessen, daß unsere Zeit auf Erden sehr kurz ist", fuhr ich fort. „Vielleicht kommt Jesus bald wieder, oder er fordert von uns, daß wir mehr tun als bisher. Aber im Blick auf die Ewigkeit lebt keiner von uns sehr lang. Einige von euch haben vielleicht noch 50 Jahre vor sich, aber auch das ist noch relativ wenig."

Ich suchte Blickkontakt mit der schweigenden Menge. Die Mitarbeiter schienen jedes Wort genau aufzunehmen. „Unser Volk braucht Erweckung", sagte ich. „Und ich glaube, daß Erweckung bei uns anfangen muß. Sie muß hier in diesem Raum anfangen. Ich möchte nicht nur eure Gefühle ansprechen, sondern euren Willen. Kommt und sprecht mit mir: 'O Geist Gottes, belebe mich. Berühre mich und gib mir eine neue und lebendigere Beziehung zu dir.' Wenn das euer Wunsch ist, möchte ich euch bitten, nach vorne zu kommen."

Ohne daß ich weiterredete, kamen viele nach vorne und knieten nieder, um zu beten. Ihre Liebe zu Christus hatte sie in erster Linie dazu veranlaßt, Mitarbeiter zu werden. Nun verliehen sie ihrem Wunsch Ausdruck, mit reinem Herzen, frei von Sünde und erfüllt mit dem Heiligen Geist in ihrem Dienst weiterzumachen.

3. Kapitel
UNTER DEM GERICHT GOTTES

Amerika hat mehr menschliche, finanzielle und technologische Resourcen als alle anderen Länder, um zur Erfüllung des Missionsauftrags beizutragen. Heute ermahnt Gott die Kirche, sich zu erheben und das Volk zur Buße und in die Nachfolge zu rufen.

Amerika hat eine einzigartige Beziehung zu Gott. Angefangen von Christoph Kolumbus, den Pilgervätern, den Gründungsmitgliedern, bis hin zu unseren christlichen Familien, Schulen und anderen Einrichtungen, ist kein anderes Volk in der Geschichte von Gott so gesegnet worden wie wir. Wenn wir zu unserer Flagge salutieren, geloben wir „einem Volk, unter Gott, mit Freiheit und Gerechtigkeit für alle" die Treue. Das Motto unseres Volkes, das auf alle Münzen geprägt ist, heißt: „In God we trust - Wir vertrauen auf Gott".

Wir haben von Gott Segen über Segen empfangen. Unser Volk mit seinen 250 Millionen Menschen stellt nur 6 Prozent der Weltbevölkerung, aber wir rühmen uns, 54 Prozent aller Güter der Welt zu besitzen. Wir haben unser Herz für die Armen geöffnet und den Hungrigen der Welt zu essen gegeben. In Notzeiten haben wir selbst unsere Feinden großzügig unterstützt. Was uns selbst betrifft, so sind unsere „Bedürfnisse" oft eher „Wünsche", und den meisten von uns fehlt es nie am Lebensnotwendigen.

Eine Nation ohne Seele

Aber über die Jahre ist Amerika in die Irre gegangen. Wir leben in einem Volk, das seine Seele verloren hat! Unser Überfluß führte zu Habsucht. Unsere Freiheit verkehrte sich in Zügellosigkeit; wir haben uns von Gott abgekehrt und gefallen uns in der Rolle des verlorenen Sohnes. Das religiöse Erbe unseres Volkes gerät in Vergessenheit oder wird als unbedeutend oder altmodisch bezeichnet und lächerlich gemacht.

Amerika ist zu einem der sündigsten Völker der Welt geworden. Wir haben mehr dafür getan, die Moral anderer Länder zu zerstören, als sonst ein Volk. Wir sind der mit Abstand größte Markt der Welt für illegale Drogen, auch in der Ausfuhr pornographischer Zeitschriften und Filme sind wir führend.

Lassen Sie uns ein paar Dinge näher betrachten, die uns den trostlosen Zustand Amerikas nur allzu deutlich vor Augen führen. Ich bitte Sie beim Durchlesen zu prüfen, welche Beschreibung auch auf Ihr eigenes Land zutreffen mag.

 Die Säkularisierung des öffentlichen Lebens

Unser Volk „nimmt sich die Freiheit", Gott, die Bibel und das Gebet aus den Schulzimmern und von den Arbeitsplätzen zu entfernen; christliche Feiertage und religiöse Symbole von öffentlichen Plätzen zu entfernen; Christen zu verfolgen, die darauf bestehen, Gott dort zu ehren, wo sie arbeiten oder spielen.

Was dem Sänger Smokey Robinson in Sarasota in Florida passierte, ist eine gutes Beispiel für diese Entwicklung. Smokey war Redner auf einer zweitägigen Anti-Drogen-Veranstaltung für Jugendliche. Am ersten Tag bezeugte er, wie Gott ihn vom Drogenmißbrauch befreit hatte. Infolgedessen wurde seine für den zweiten Tag geplante Rede gestrichen.

„Ich sagte, sie müßten all die traditionellen Vorurteile ablegen, mit denen sie leben", berichtet Smokey. „Aber als ich anfing, ihnen zu erzählen, was Gott in meinem Leben getan hat, fühlten sich manche auf die Füße getreten. Es ist schrecklich", so Smokey, „daß man in Schulen gehen, über Morde reden und sie in allen Details schildern kann, wahllosen sexuellen Geschlechtsverkehr beschreiben darf, Kondome verteilen oder über Hitler reden kann. Aber wenn man Gott oder Jesus erwähnt, dann ist das ein Tabu. Es ist schlimm!" [1]

William J. Bennett, der unter der Regierung von Präsident Reagan Staatssekretär für Bildung und Erziehung war, sagte: „An zu vielen Stellen im öffentlichen Schulwesen wurde die Religion in einer Weise ignoriert, verbannt oder gemieden, die weder der Bildung noch der Verfassung noch einer gesunden öffentlichen Politik dienlich war. Es gibt keinen guten Grund ... warum Schulbücher, wie häufig der Fall, die Rolle der Religion bei der Gründung dieses Landes übergehen. Wir sollten anerkennen, daß die Religion - von den Pilgervätern bis zum Kampf um die Bürgerrechte - ein wichtiger Teil unserer Geschichte, unseres Staatswesens, unserer Literatur, Kunst, Musik, Dichtung und Politik ist, und daß wir darauf bestehen sollten, daß unsere Schulen die Wahrheit darüber sagen. [2]

 Die sogenannten „sozialen Probleme"

Verbrechen und Gewalt unter Jugendlichen, Rassenunruhen, Vergewaltigung, Scheidung, häufiger Partnerwechsel, Schwangerschaft minderjähriger Mädchen, Abtreibung, AIDS, Drogen- und Alkoholabhängigkeit verbreiten sich wie Epidemien. Wie eine Flutwelle drohen sie, jeden noch vorhandenen Damm in unserer Gesellschaft zu brechen. Die Folge ist, daß die Amerikaner sich immer machtloser vorkommen und hinsichtlich der Zukunft unseres Landes pessimistisch sind.

Gewaltverbrechen sind in Amerika zu den größten Problemen geworden. Immer mehr Gewalt dringt in unsere Schulen ein. Und dies ist nicht nur ein Problem unserer Innenstädte, sagt Dr. Bernard

Z. Friedlander, Professor für Psychologie an der Universität Hartford. „Es ist ein amerikanisches Problem." [3]

Immer häufiger hört man von Gewaltanwendung unter Kindern in der Schule und außerhalb. Die nationale Vereinigung von Schulpsychologen berichtet, daß jedes siebte Kind schikaniert wird oder selbst andere schikaniert. [4] Man fragt sich, wie Kinder so kaltblütig werden können, wie die zwei Zehnjährigen in Chicago, die einen fünfjährigen Jungen zu Tode brachten, nur weil er sich weigerte, für sie Süßigkeiten zu stehlen.

Angriffe von Schülern auf Lehrer sind immer mehr an der Tagesordnung. Nach dem Bericht der Schulpsychologen werden jeden Monat über 5000 Oberschullehrer tätlich angegriffen. [5] Kein Wunder. Die Kinder haben allen Respekt vor Erwachsenen verloren, und die Lehrer sind praktisch machtlos. Waffen auf dem Schulgelände stellen inzwischen eine alarmierende Bedrohung dar. Immer mehr Schüler im ganzen Land nehmen Waffen mit in die Schule - einige, um sich zu schützen, weil die Gang- und Drogenkulturen sich ausweiten; andere, weil sie der Meinung sind, daß Gewalt ein Mittel sei, ihre Meinungsverschiedenheiten auszutragen. [6] Die Universität von Michigan untersuchte die Auswirkungen bei amerikanischen Achtklässlern. Die Studie ergab folgendes:

19% sind schon in der Schule mit einer Waffe bedroht worden, und 9% wurden verletzt. 44% wurden bestohlen, und 34% wurde Eigentum beschädigt. [7]

In einem Artikel in der Zeitschrift „Woman's Day" berichtet die Verfasserin Kathryn Stechert Black einige erschreckende Tatsachen zu diesem Problem:

● Dem Landeskriminalitätsbericht zufolge geschehen jährlich fast drei Millionen Verbrechen auf Schulgeländen oder in deren Umgebung.
● Zwei Drittel der Schulleiter sagen ein weiteres Ansteigen der Kriminalität in Schulen voraus.

● Fast jeder fünfte Oberschüler trägt eine Waffe bei sich; einer von 20 hat ein Gewehr. [8]

„Verbrechen im allgemeinen, und besonders Verbrechen bei Kindern", schreibt die Reporterin der „New York Times", Celia W. Dugger, „sind zu einem landesweiten Laster geworden. Die Zahl der Verhaftungen Jugendlicher wegen Mordes ist innerhalb von 10 Jahren um 60% gestiegen." [9]

Chuck Colson, der Gründer und Vorsitzende von „Prison Fellowship", einer internationalen Gefängnismission, zieht eine traurige Bilanz: „Der moralische Kollaps in Amerika ist so gewaltig, daß er das ganze Staatswesen gefährdet. Wir können gar nicht so schnell Gefängnisse bauen, um diese Kinder von der Straße zu holen, die, ohne sich ein Gewissen zu machen oder darüber nachzudenken, Verbrechen begehen. Wenn wir nicht das Problem an der Wurzel packen, wird es uns vernichten."

„1 014 000 Menschen sitzen in Amerika im Gefängnis", sagt er. „Das bedeutet einen 400prozentigen Anstieg in den letzten 20 Jahren. In der gleichen Zeit sind die Gewaltverbrechen um 550% angestiegen." [10]

 ### Die Auflösung der traditionellen Familie

Unglückliche, zerbrochene Familien gehören zur Normalität des amerikanischen Lebens. Die Carnegie-Vereinigung in New York, die von einer Gruppe bedeutender Politiker, Ärzte, Lehrer und Geschäftsleute geleitet wird, zeichnet ein trübes Bild von sich auflösenden Familien, andauernder Armut und zahlreichen Fällen von Kindesmißbrauch. [11]

In der Titelgeschichte des „Time Magazine" wurde kürzlich berichtet, daß eine erschreckend große Anzahl von Vätern ihre Kinder entweder verläßt oder vernachlässigt. Die Reporterin Nancy Gibbs schreibt: „Heute abend werden mehr Kinder in einer vaterlosen Familie zu Bett gehen als je zuvor in der Geschichte unseres Volkes." [12]

Die Möglichkeit, sich schnell und ohne große Probleme scheiden zu lassen, trägt bedeutend zu diesem Phänomen bei. Armand M. Nicholi Jr., Buchautor und Oberarzt für Psychiatrie an der Harvard-Universität, schreibt: Die Scheidungsrate ist in diesem Jahrhundert um 700% gestiegen, und sie steigt immer noch. Heute trifft eine Scheidung auf 1,8 Eheschließungen. Über eine Million Kinder im Jahr sind von Scheidungsfällen betroffen, und 13 Millionen Kindern unter 18 Jahren fehlt ein Elternteil oder beide Eltern. [13]

Nicholi nennt einige Faktoren, die zur Auflösung der Familie beitragen:

● Berufstätige Mütter, besonders von Kleinkindern, sind überarbeitet: Dadurch steigt nicht nur der Streß in den Ehen, sondern auch die Scheidungsrate.
● Die Auffassung, daß die traditionelle Rolle der Frau als Mutter nicht mehr zeitgemäß ist.
● Zuviel Fernsehen: Kinder sehen durchschnittlich 20 bis 24 Stunden pro Woche fern.
● Unkontrollierte Aggressionen in den Familien, was dazu führt, daß Kinder verprügelt werden.
● Veränderte Bedingungen in der Kindererziehung durch häufigen Partnerwechsel oder Perversion. Oder die Verlagerung der Erziehung vom Elternhaus auf staatliche Institutionen.
● Groll der Kinder auf ihre Eltern, weil die Eltern sie angeblich in ihrer Selbstverwirklichung behindern.

„Wir erleben heute einen Generalangriff auf die Familie", sagt Nicholi. „Er kommt aus verschiedenen Richtungen. Wir müssen erkennen, aus welchen Quellen er kommt, damit wir in Weisheit eine geistliche Schutzmauer um die Familie bauen können." [14]

Die Auflösung der Familie ist der Hauptgrund für die steigende Kriminalität unserer Jugend. „Untersuchungen bei jungen Kriminellen haben ergeben", so Gibbs, „daß über 70% aller Jugendlichen in staatlichen Besserungsanstalten aus vaterlosen Familien kommen." [15]

 Eine selbstsüchtige Einstellung, die einen großen Teil unseres Volkes befallen hat

Die biblischen Gebote *„Du sollst deinen Nächsten lieben wie dich selbst"* (*Lukas 27,10*) und *„Was ihr wollt, daß euch die Leute tun, das tut ihnen auch"* (*Matthäus 7,12*) sind weitgehend den Maximen „Zuerst komme ich!" und „Angriff ist die beste Verteidigung" zum Opfer gefallen. Betrachten wir wieder unsere Jugendlichen; sie spiegeln am besten wider, was wir als Volk versäumt haben. Allan Bloom, Professor für Sozialwesen an der Universität Chicago, schreibt:

„Studenten sind von den meisten Zwängen frei, und ihre Familien bringen Opfer für sie, oft ohne dafür Gehorsam oder Achtung zu verlangen. Religion und Herkunft haben fast gar keinen Einfluß auf ihr soziales Leben oder ihre Karriereabsichten ... Ihre Hauptbeschäftigung sind sie selbst, und zwar im engsten Sinne." [16]

Selbst Christen sind dem „Zuerst komme ich!" in die Falle gegangen. Viele haben für selbstsüchtigen Gewinn ihre bisherigen Maßstäbe aufgegeben. Scheidung, die Ursache wachsender Vereinsamung, ist unter Christen fast genauso verbreitet wie sonst in der Gesellschaft. Gemeinden im ganzen Land hören die gleichen Ausreden wie andere Gruppen, wenn sie einzelne bitten, sich konkret für etwas zu verpflichten.

Professor David Larsen ist der Ansicht, daß, in scharfem Kontrast zum Individualismus unserer modernen Gesellschaft, „jede Beschreibung der Gemeinde, die im Neuen Testament vorkommt, die gegenseitige Abhängigkeit der an Christus Gläubigen betont. Als Leib Christi besteht die Gemeinde aus vielen verschiedenen

Teilen, die in Harmonie und mit großer Wirksamkeit zusammenarbeiten." Larsen meint, daß wir auf Grund eines übertriebenen Individualismus in der westlichen Kultur „nur bruchstückhaft echte geistliche Gemeinschaft erfahren. Jeder Christ, der sich als Einzelkämpfer versteht, ist wirklichkeitsfremd. Christen brauchen einander in dem geistlichen Kampf, in dem sie stehen ... Die Bibel betont, daß wir zusammengebunden sind wie ein Bündel Reisig und daß die gegenseitige Abhängigkeit als Christen bedeutend zur Erneuerung unserer Gesinnung beiträgt." [17]

 Die Entscheidungen des Obersten Gerichtshofes

Erlasse der Justiz aus den Jahren 1940 bis 1960 brachten die Regierung in direkte Auseinandersetzungen mit dem religiösen Leben in den Vereinigten Staaten.

Im Erlaß „Everson gegen Kultusministerium" (1947) erklärte der Gerichtshof deutlich „die Trennung von Staat und Kirche". Dabei hat die Mehrzahl der Richter - im Gegensatz zur Auffassung unserer Gründungsväter - die Verfassung anders als die Vorväter interpretiert. Sie sagten, daß das grundlegende Dokument, das unsere Freiheit garantiert, verlange, daß wir Gott aus der Regierung und dem öffentlichen Leben heraushielten. Diese Entscheidung erleichterte denen die Arbeit, die den Einfluß des christlichen Glaubens aus den Schulen und anderen Bereichen des öffentlichen Lebens entfernen wollten. Oft spiegeln die Entscheidungen des Gerichtshofes die Meinung unserer Kultur wider. Obwohl der Erlaß von 1947 bedeutend zum moralischen Verfall unseres Landes beigetragen hat, wurde die Saat dieser Trennung bereits früher von den Humanisten ausgestreut.

Im Erlaß „Engel gegen Vitale" (1962) untersagte der Gerichtshof das Schulgebet in öffentlichen Schulen, und im Erlaß „Schulbezirk Abington gegen Schempp" (1963) entschied er gegen das Lesen von Bibeltexten in der Schule zu religiösen Zwekken. Die Justiz legte später fest, daß es wohl angemessen sei, die Bibel und andere religiöse Texte als Literatur zu lesen, aber nicht als etwas Religiöses, das alle Kinder befolgen müßten. [18]

Die meisten Schulbeamten haben diese Regel eifrig befolgt. Einige jedoch haben sich den vielen Schülern, Eltern, Kommunalbeamten und Gemeindeleitern im ganzen Land angeschlossen und mit ihnen zusammen den Entscheidungen des Obersten Gerichtshofes Widerstand geleistet. Z.B. hat kürzlich der Direktor einer Oberschule in Jackson, Mississippi, dem Antrag einiger Schüler stattgegeben, die darum baten, das folgende Gebet über die Lautsprecher der Schule zu verbreiten:

„Allmächtiger Gott, wir bitten dich, heute unsere Eltern und Lehrer und unser ganzes Land zu segnen. Wir beten in deinem Namen. Amen."

Obwohl die Initiative von den Schülern gekommen war, was ein gesetzlich erlaubtes Vorgehen ist, wurde der Direktor entlassen. Und das, obwohl sich über 4000 Menschen verschiedener religiöser Prägung in einer Protestaktion auf dem Marktplatz von Jackson versammelten, um den Direktor zu unterstützen. [19]

1973 erklärte es der Erlaß „Roe gegen Wade" für legal, ungeborene Babies im Mutterleib zu töten. Bis 1994 wurden über 30 Millionen Kinder ermordet - von gewissenlosen Ärzten mit Salzlösungen zu Tode geätzt oder mit Stahlzangen Glied für Glied zerrissen!

1980 beschloß der Gerichtshof, daß Schulen nicht länger die Zehn Gebote aufhängen dürften. Sie seien „rein religiöser Natur" und könnten die Kinder veranlassen, die Zehn Gebote zu lesen, darüber nachzudenken, sie anzuerkennen oder ihnen zu gehorchen. [20]

 6. Die homosexuelle „Explosion"

Nach dem Meinungsforscher George Barna von der Barna-Forschungsgruppe sind Homosexuelle in unserem Land prozentual gesehen eine kleine Gruppe. „Die meisten Untersuchungen ergeben", so Barna, „daß etwa 1-3% der Erwachsenen mit einer gewissen Regelmäßigkeit homosexuelle Kontakte haben, und daß weniger als 1% als ausschließlich homosexuell einzustufen sind." Aber trotz der verhältnismäßig geringen Anzahl hat sich die Homosexualität - begünstigt durch die Massenmedien - rapide ausgebreitet.

Aktive Homosexuelle und Lesbierinnen fordern arrogant ihre „Rechte" und sind in der amerikanischen Politik zu einer militanten Stimme geworden, die die Wahlen und die Politiker in hoher Verantwortung beeinflußt. Ihr öffentliches Auftreten und ihre politische Lobby haben manche Politiker schon so in die Irre geführt, daß sie glauben, Homosexuelle würden einen Sonderstatus verdienen.

Obwohl Gott ganz klar sein Mißfallen am homosexuellen Lebensstil zum Ausdruck gebracht hat, versichert er uns in seinem Wort, daß er den homosexuellen Menschen genauso liebt wie den frömmsten und geistlich noch so reifen Christen. Wir sollen seinem Beispiel folgen und den Sünder lieben, auch wenn wir seinen sündigen Lebensstil ablehnen. Dies bezieht sich auch auf andere Menschen und ihre sündigen Taten, die Gott zutiefst betrüben.

Obwohl die Zahl der Homosexuellen gering ist, ist ihr weitreichender Einfluß auf die Gesellschaft Anlaß zur Besorgnis. Unsere Liebe zum Sünder darf nicht unsere Ablehnung der Sünde schwächen. Die Tatsache, daß so viele Menschen unserer Gesellschaft ihre einst hohe moralische Entschlußkraft verloren haben, ist ein weiterer Beweis dafür, daß Amerika ins Verderben läuft.

Wie kann unser Volk überleben?

Es ist traurig, daß wir nicht mehr „ein Volk unter Gott" sind. Und wenn Amerika nicht als Volk zu ihm zurückkehrt, wird unser Land nicht überleben!

Gott zerstörte die bösen Städte Sodom und Gomorra (1. Mose 19,1-29). Im Jahr 70 n.Chr. richtete Gott sein Volk, die Juden, indem er die Römische Armee zu ihnen sandte. Die Soldaten machten Jerusalem dem Erdboden gleich und töteten tausende von Menschen. Die Juden, die übrigblieben, zerstreuten sich unter die Völker und haben seither ständig heftige Verfolgung erlebt.

Rom war das mächtigste Reich in der Weltgeschichte. Aber es verfiel moralisch, bis schließlich ziviler Ungehorsam in großem Ausmaß um sich griff. Rom wurde so schwach, daß es den Unruhen im Landesinneren und den barbarischen Horden von außerhalb erlag.

Dies sind Warnungen, daß Gott keine Sünde toleriert. In der Bibel macht Gott seine Botschaft immer wieder klar: *„Wenn ihr mir gehorcht, werde ich euch segnen. Wenn ihr mir nicht gehorcht, werde ich euch strafen. Und wenn ihr mir weiterhin ungehorsam seid, werde ich euch zerstören."* *(z.B. 5. Mose Kap. 28 bis 30).*

In 2. Chronik 28,5-8 lesen wir, daß Gott Juda richtete. Die Könige von Syrien und Israel töteten die Männer Judas und führten ihre Frauen und Kinder weg. Dies ist schreckliches Gericht. Gott gebraucht oft ein anderes Volk, um die zu strafen, die fortwährend sündigen.

Gott benutzt auch die Natur, um sein Gericht durchzuführen. Das Alte Ägypten litt unter der Verwandlung der Gewässer in Blut, unter Fröschen, Stechmücken, Viehpest, Blattern, Hagel, Heuschrecken, Finsternis und schließlich dem Tod der erstgeborenen Söhne. Die Plagen ruinierten Ägypten, und die Familien vergingen vor Kummer (2. Mose 7,15 - 11,6).

Vielleicht will Gott durch die Lawine von „Natur"katastrophen wie Bränden, Überschwemmungen, Wirbelstürmen und Erdbeben, die uns vermehrt heimsuchen, unsere Aufmerksamkeit bekommen. Amerika sät Schande und erntet Gericht. Die Bibel sagt: *„Sie säen Wind und werden Sturm ernten."* *(Hosea 8,7)* Unter dem Gericht Gottes ernten wir, was wir gesät haben.

Woher kommt Hilfe?

Wir erleben eine Krise nach der anderen und haben, menschlich gesehen, keine Hoffnung mehr. So stellt sich natürlich die Frage, bei wem wir Hilfe finden können.

Wie steht es mit dem Obersten Gerichtshof?

Die Bundesrichter waren einst die ehrenwertesten Personen in unserem Land. Als ich ein Kind war, galt für mich ein Bundesrichter fast so viel wie ein Heiliger. Aber die Entscheidungen einiger Richter haben das Volk von den traditionellen biblischen Werten unserer Gründungsväter weggeführt und Gottes Fluch auf unser Land gebracht. Ohne dabei im Einklang mit unserer Verfassung zu stehen, haben sie oft den Prozeß der Gesetzbildung an sich gerissen und Entscheidungen getroffen, die nur der Kongreß treffen darf.

Wie steht es mit der Bildung?

Bekanntlich gehören die Deutschen und die Japaner zu den gebildetsten Völkern der Erde. Aber gerade sie waren in großem Umfang für den Zweiten Weltkrieg verantwortlich. Das sittenlose Verhalten der Deutschen und der Japaner in Kriegszeiten war unbeschreiblich.

In Amerika haben einflußreiche Bildungsreferenten Gott aus unseren Schulbüchern gestrichen. Sie lehren die Evolution und leugnen den biblischen Schöpfungsbericht. Moralischer Relativismus verdirbt unsere Jugend. Lehrer und Erzieher, die Jugendlichen raten, „zu handeln, wie sie sich fühlen", leugnen Gottes Macht, indem sie behaupten, daß Werte relativ und vom Individuum und der Situation abhängig sind.

Wie steht es mit der Regierung?

Sie ist in zunehmendem Maß korrupt - und unser Volk weiß das
sehr wohl. Obwohl unsere drei Billionen Staatsschulden das Land
in den Bankrott zu stürzen drohen, weigert sich der Kongreß beständig, geeignete Schritte zu unternehmen. Die Wähler trauen ihren Abgeordneten nicht mehr. Die Menschen wissen, daß das Land
in ernsten Schwierigkeiten steckt, und sie geben Washington die
Schuld dafür. Chuck Colson hat jedoch gesagt: „Man kann nicht
mit politischen Mitteln etwas ändern, was eigentlich eine moralische und kulturelle Krankheit ist."

Wie steht es mit den Geschäftsleuten?

Heute kann man kaum noch einem Menschen trauen, nicht einmal in der christlichen Gemeinde. Wie oft hört man: „Mach keine
Geschäfte mit einem Christen!" Der moralische Standard ist so nied-
rig wie nie zuvor. Ein Handschlag, ein Versprechen, ein Vertrag -
all diese Dinge bedeuten kaum noch etwas. Geschäftsleute gelten
als selbstsüchtige, gierige Leute, die einen „über den Tisch ziehen", wenn man nicht aufpaßt.

Wie steht es mit den Medien?

Mit wenigen Einschränkungen genießt die Presse, außer dem
Ruf zur Verantwortlichkeit, eine Freiheit, die in anderen Ländern
ihresgleichen sucht. Aber die Presse, die mit Radio und Fernsehen
jetzt unter dem Namen „Medien" zusammengefaßt wird, hat ihre
einst edlen Ideale der Wahrheit und Gerechtigkeit aufgegeben. Sen-
sationslust ist an die Stelle fundierter, verantwortlicher Berichter-
stattung getreten. Heute erregen die Medien durch Blut, Gewalt
und Sex unsere Aufmerksamkeit. Wenn man sie darauf anspricht,
sagen die Verantwortlichen natürlich: „Das sind die Dinge, die die

Leute sehen wollen!" Oder: „Zwingen Sie uns nicht Ihre christlichen Werte auf. Wir handeln im Rahmen der Verfassung!"

Wie steht es mit der Kirche?

Sie ist Teil des Problems. Das Volk schreit nach Hilfe, aber es wendet sich nicht an die Christen. Warum nicht?

„Die Kirche läuft oft nach verschiedenen Richtungen weg", sagt Colson, „und das Konkurrenzdenken ist dort fast ebenso stark ausgeprägt wie in der politischen Welt." Worin liegen die Ursachen? Manche Pfarrer begehen Ehebruch und lassen sich scheiden; großartige Prediger in teurem Anzug bitten die Zuhörer aufdringlich um Geld; das moralische Klima in unseren Gemeinden ist lau; die Medien porträtieren Pfarrer unaufhörlich als Weichlinge, Clowns oder Gauner. Kein Wunder, wenn Nichtchristen daraus den Schluß ziehen, daß Christen auch nicht besser sind als der Rest der Gesellschaft.

So ist die Lage. Wir leben in der brisantesten Zeit der amerikanischen Geschichte; einer Zeit, die ich als weit wichtiger als jede andere Epoche seit dem Unabhängigkeitskrieg betrachte. Sie ist viel gefährlicher als die bedrohliche Zeit des Bürgerkrieges. Und ich glaube, menschlich gesehen gibt es keinen Weg, wie unser Volk überleben kann. Wir können uns nirgendwo hinwenden - außer zu Gott!

4. Kapitel

DIE KRAFTLOSE KIRCHE

Die meisten Christen in Amerika haben das Wissen um einen heiligen Gott verloren. Sie verstehen seine göttlichen Eigenschaften wie Liebe, Macht, Weisheit und Gnade nicht mehr. Große Scharen von Kirchenmitgliedern wissen nicht, daß Gott gegenwärtig ist und handelt, daß man ihn ansprechen und kennenlernen kann. Wie Umfragen ergaben, haben 50% der hundert Millionen, die jeden Sonntag zur Kirche gehen, keine Gewißheit, errettet zu sein. Und 95% sind nicht vertraut mit der Person und dem Wirken des Heiligen Geistes. Nur 2% reden regelmäßig mit anderen Menschen über ihren Glauben an Jesus Christus.

Die Wirklichkeit Gottes scheint von ihrem alltäglichen Leben weit entfernt zu sein. Folglich sind die Menschen immer anfälliger für die unaufhörliche Beeinflussung durch säkulare Ansichten, die ihnen durch Filme, Fernsehen, Werbung und ihre Umgebung im Alltag dargeboten werden.

Für viele Christen ist Gott ein abstrakter Begriff, über den man nur noch am Sonntagmorgen nachdenkt. George Barna, der regelmäßig in Amerika Umfragen durchführt, um „den Puls der christlichen Welt zu fühlen", gibt einen erschreckenden Bericht.

Er schreibt, daß Beobachter in England glauben, daß sich in Amerika ein verheerender geistlicher Wandel vollzieht, genau wie früher in England. Diese Beobachter erinnern sich daran, daß „England ein Volk war, in dem die Kirche die wichtigste gesellschaftliche Einrichtung war. Ethische Normen, öffentliches Verhalten, kulturelle Aktivitäten, Entwicklungen im Bereich der Familie, der Lebensstil und sogar die politische Meinungsbildung waren alle von der religiösen Einstellung und dem geistlichen Empfinden geprägt.

Der Glaube, daß das höchste Ziel im Leben darin besteht, Gott zu loben und ihm zu dienen, war tief im Denken des Volkes verwurzelt."Barna fährt fort: „In jüngerer Zeit wurden diese Werte (in England) durch das Vordringen des Säkularismus ausgehöhlt. Man interessiert sich jetzt mehr für das Materielle als für das Geistliche. Gott ist in unserem Volk nicht länger Mittelpunkt der Tagesordnung. Die christliche Gemeinschaft ist verschwunden. Die wirklich Gläubigen, die einst die große Mehrheit dieses großen Volkes darstellten, werden jetzt nur noch auf 2% der Bevölkerung geschätzt."

Es gibt erstaunliche Ähnlichkeiten zwischen dem geistlichen Niedergang Englands und der jetzigen geistlichen Lage der Vereinigten Staaten. Eine überlegte Beurteilung des modernen Amerikas - unserer sozialen, politischen, geistlichen, moralischen und wirtschaftlichen Lage - zeigt, auf welch heimtückische Weise unsere eigenen geistlichen Fundamente zerfallen. Auch wir sind eine materialistische Gesellschaft geworden, die sich mehr um den äußeren Komfort von heute als um die geistlichen Bedürfnisse der Zukunft kümmert. Man kann uns nur schwer dazu bringen, ernsthaft über die Auswirkungen nachzudenken, die der kulturelle Wandel auf den Glauben und das religiöse Verhalten hat.

Das Ergebnis ist, daß die christliche Gemeinschaft im Strudel der Veränderung und inmitten eines feindlichen gesellschaftlichen Umfeldes die Schlacht verliert ... Folglich verrottet Amerika in den 90er Jahren von innen heraus ... Der Gottesdienst ist durch ein Streben nach Selbstverherrlichung ersetzt worden. [1]

Die Bedeutung der Ortsgemeinde

Die wichtigste und einflußreichste Einrichtung zum Wohl jeder Gesellschaft ist die Kirche Jesu Christi. Aber viele haben sich von ihr abgekehrt.

Vor einiger Zeit sprach ich auf einem Flug nach Chicago mit meinem Nachbarn über den Glauben. Als ich ihn fragte, ob er Christ sei, sagte er schnoddrig, daß er nicht sehr religiös sei. Als Junge mußte er in die Kirche gehen, deshalb schwor er sich, als er sein Elternhaus verließ, daß er nie wieder dorthin gehen würde. Er erklärte mir, daß die Kirche ihm nichts zu bieten habe. Ich fragte ihn, ob er gern in einer Gesellschaft leben würde, in der es keine Kirchen gäbe. Er schaute mich leicht verwundert an und sagte: „Natürlich nicht!" „Sind Sie je auf den Gedanken gekommen, daß Sie dann ein Schmarotzer sind?", fragte ich. „Wie meinen Sie das?", wollte er wissen.

„Also, Sie wollen all die Vorteile, die die Kirche Ihrer Gesellschaft bringt, haben, aber Sie sind nicht bereit, etwas dazu beizutragen", erklärte ich. Er war einen Augenblick nachdenklich, dann sagte er mit Überzeugung: „Nächsten Sonntag gehe ich in die Kirche!"

Viele gehen deshalb in die Kirche, weil sie dann ein gutes Gefühl haben, aber sie wollen sich nicht an der Arbeit für den Herrn beteiligen. Dafür bezahlen sie schließlich den Pastor. Er soll Zugezogene besuchen, Seelsorge üben, eine interessante Jugendarbeit aufbauen und zum hundertsten Mal etwas Ermutigendes aus Psalm 23 predigen.

In den über 50 Jahren, die ich jetzt mit Jesus lebe, war ich immer Mitglied einer Ortsgemeinde. Meine Frau und ich wurden durch den Einfluß der First Presbyterian Church in Hollywood Christen. Dort wurden wir auch als junge Gläubige in unserem Glauben weitergeführt. Kurz nachdem ich Christus angenommen hatte, begann ich ein Aufbaustudium am Theologischen Seminar in Princeton und wechselte später ans Fuller-Seminar, um näher an meinem Geschäft zu sein, das ich parallel zum Studium weiterführte. Ich studierte weitere fünf Jahre und war gleichzeitig Diakon in der Gemeinde und Vorsitzender eines evangelistischen Teams, in dem sich über 100 Menschen aktiv beteiligten.

1951 gab Gott mir die Überzeugung, daß die ganze Welt das Evangelium von Christus hören müsse. Daraus entstand „Campus Crusade for Christ" (Campus für Christus), heute auch „New Life

2000" genannt. Von Anfang an betrachteten Vonette und ich die Ortsgemeinde als wichtigstes Werkzeug für Gottes Handeln in der Welt. Nach den Richtlinien von Campus für Christus soll jeder Mitarbeiter unserer Bewegung aktiv in einer Ortsgemeinde mitarbeiten.

Die Rolle des Heiligen Geistes

Der Heilige Geist ist der Urheber von Erneuerung und Erwekkung. Letztlich fastet und betet kein Christ für geistliche Erneuerung, wenn nicht der Geist ihn ruft.

Jesus sagt: „Keiner kann zu mir kommen, dem nicht der Vater, der mich gesandt hat, den Weg zeigt." (Johannes 6,44)

Es ist der Heilige Geist, der von Sünde überführt: *„Und ist er erst gekommen, wird er den Menschen die Augen für ihre Sünde öffnen, aber auch für Gottes Gerechtigkeit und sein Gericht ... Wenn aber der Geist der Wahrheit kommt, werdet ihr die Wahrheit vollständig erfassen." (Johannes 16,8.13)*

Ich glaube, daß der Heilige Geist vor der kommenden Erwekkung in den Herzen und Köpfen von unzähligen von Christen den Wunsch nach Buße, Fasten und Gebet einpflanzen wird.

Während einer Erweckung macht der Heilige Geist den Gläubigen ihren wirklichen Zustand klar und zeigt ihnen, daß sie Buße tun und zu ihrer ersten Liebe zurückkehren müssen. Er gibt seinen Dienern ein, wie sie der Gemeinde seine Botschaft bringen sollen. Und er gebraucht die, die er inspiriert, als seine Werkzeuge, damit andere Christen erkennen, daß sie ihr weltliches Streben aufgeben und Gott von ganzem Herzen suchen und dienen sollen.

Verfall der geistlichen Werte

Aber wie kommt es, daß ein großer Teil der Kirche Jesu Christi so kraftlos geworden ist, wenn doch der Heilige Geist der Urheber der Erweckung ist? Die Antwort ist einfach: Wir hören nicht auf Gott, und wir gehorchen ihm nicht! Die schwerste Sünde der Kirche heute ist Unglaube, mangelndes Vertrauen. Es ist unmöglich, daß jemand für Gott „brennt", wenn Gott in seinem Leben nicht den ersten Platz einnehmen darf.

Über eine lange Zeit hinweg hat sich die Kirche zum großen Teil von der Realität Gottes abgewandt, und geistlich gesehen gleichen wir dem Frosch im Topf. Vielleicht kennen Sie das Beispiel: Man setzt einen Frosch in einen Wassertopf und stellt die Heizplatte an. Das Wasser erwärmt sich langsam. Der Frosch sitzt nur da und genießt die Behaglichkeit des sich erwärmenden Wassers, bis er schließlich daran stirbt.

So ähnlich ergeht es der Kirche. Im Lauf der Zeit hat der langsame Verfall geistlicher Werte seinen Tribut gefordert. Es ist kein gültiger Maßstab mehr vorhanden, womit man die Zeichen der Zeit bewerten könnte. Betrachten wir einmal den Zustand der Gemeinde und ihre Umgebung, um die Ursachen dieser Dekadenz zu verstehen.

Erstens haben die Christen ihre „erste Liebe" zum Herrn verlassen. Die meisten Gläubigen haben ihren ursprünglichen geistlichen Eifer verloren und sind gefangen in den Dingen dieser Welt. Wie die Gemeinde in Ephesus (Offenbarung 2,1-7) lieben sie den Herrn nicht mehr so wie früher.

Zweitens sind die Christen untereinander weitgehend uneins. Es gibt viel zu viele Denominationen, und jede hat ihren eigenen, besonderen Glauben. Deshalb streitet sich die Kirche über Lehrfragen, wie etwa Frauenordination, Abtreibung oder andere ethische Normen. Die Ordination Homosexueller und das Hinnehmen gleichgeschlechtlicher Beziehungen z.B. hat Christen der großen Konfessionen über der orthodoxen Sicht, daß Homosexualität ein Greuel ist (3. Mose 18,22 und Römer 1), gespalten.

Außerdem sind viele Gemeinden durch innere Kämpfe lahmgelegt oder zerrissen. Anstatt Zufluchtsstätten für geistlich Müde zu sein, sind die Gemeinden oft Schlachtfelder für fleischlich gesonnene Christen. „Als Pastor weiß ich", sagt Steve Gould aus Minneapolis, „daß es in unserem Volk tausende von Gemeinden gibt, die durch Bitterkeit, Parteigeist und Feindseligkeiten unter Gemeindegliedern zertrennt sind. Gott ist darüber nicht erfreut, und er möchte die geistliche Dunkelheit von diesen Gemeinden wegnehmen."

Drittens leiden Christen oft unter einem schlechten Image. Als junger Mann glaubte ich, wie viele andere Nichtchristen auch, daß die Gemeinde etwas für Schwächlinge, Frauen, Kinder und alte Leute sei. Noch heute denken die meisten Männer so. Schließlich sind sie von „Helden" wie Clint Eastwood, Harrison Ford und Arnold Schwarzenegger geprägt. Hollywood und die Medien haben dieses Bild verstärkt, indem sie Pfarrer oft als schwache Menschen darstellen, die Gott zwar dienen wollen, aber mit sexuellen Lüsten zu kämpfen haben. Leider wurde in den letzten Jahren das sexuelle und finanzielle Mißverhalten einiger Pfarrer unseres Volkes in der Öffentlichkeit breitgetreten. Man schätzt, daß 10 bis 15% der Geistlichkeit und Mitarbeiter anderer helfenden Berufe mit ähnlichen Problemen zu kämpfen haben. Nimmt man dazu noch die Scheidungsrate unter Christen, bestätigt sich der Eindruck, daß Christen kaum anders sind als Nichtchristen.

Barna erklärt in seiner Prognose „Amerika 2000", daß Scheidung und Mehrfachehe in unserer Gesellschaft in Zukunft noch mehr toleriert werden. [2] Obwohl eine genaue Scheidungsstatistik für Christen nicht ohne weiteres zur Verfügung steht, können wir leicht erkennen, daß die Scheidungsrate unter Christen die der säkularen Gesellschaft widerspiegelt. Warum ist das so?

● Wir haben die Wege Gottes verlassen und gehorchen seinem Wort in diesem Bereich nicht mehr.
● Das „Zerrüttungsprinzip" hat dazu geführt, die Scheidung zu einer einfachen Lösung für persönliche Schwierigkeiten in der Ehe zu machen.

● Die Scheidung hat in der Kirche, wie zuvor schon in der Gesellschaft, ihren Makel verloren.

● Die Gesellschaft und auch die Kirche nehmen Scheidung heutzutage als etwas hin, das man erwarten muß.

● Die Gesellschaft und die Kirche haben es versäumt, den Menschen den Gedanken nahezubringen, daß Ehe eine Verpflichtung auf Lebenszeit bedeutet.

Die Tatsache, daß Scheidung ein seelisches Trauma ist, das einer Erkrankung an Krebs gleichkommt, scheint die nicht zu berühren, die von ehelicher Bindung „frei" sein wollen. [3]

Obwohl die Notwendigkeit, Geschiedenen und ihren Kindern in ihren Problemen zu helfen, alarmierende Ausmaße angenommen hat, bleibt die Tatsache bestehen: Es gibt keinen sozialen und kirchlichen Druck mehr, sich nicht scheiden zu lassen. Fast jedes Paar, das vor dem Altar die Ehe eingeht, betrachtet Scheidung als eine immerhin vorhandene Möglichkeit.

Wir können gar nicht ermessen, welche Auswirkungen die Scheidung der Eltern auf die Kinder und auf die Gesellschaft als Ganzes hat. In den kommenden Jahren werden wir die Auswirkungen dieser Trennungen, die die Kinder als scharfe Ablehnung erleben, bei Millionen von jungen Erwachsenen feststellen, weil ihre Fähigkeit zu vertrauen, zu lieben und persönliche Beziehungen aufzubauen, verletzt wurde, was ihre (mögliche) Ehe von Anfang an überschatten wird.

Viertens haben die Christen ihren Einfluß auf die Gesellschaft verloren. Vor einigen Jahren ergab eine säkulare Umfrage, daß es in Amerika 60 Millionen wiedergeborene Christen gibt. Aber die Zeitung „Wall Street Journal" stellte dieses Ergebnis in Frage und wollte wissen: „Wenn das wahr ist, warum herrschen dann in Amerika Verbrechen und Gewalt? Sollen Christen nicht 'Salz und Licht' sein? Wenn ja, wo ist dann der starke christliche Einfluß auf unsere kaputte Gesellschaft?"

Die Antwort liegt teilweise in der Tatsache, daß Millionen von

Menschen, die sich Christen nennen, in Wirklichkeit gar keine Christen sind. Obwohl sie religiös sind, haben sie nie die Erfahrung einer persönlichen Beziehung zu Jesus Christus gemacht. Und viele von denen, die Christen sind, sind „fleischliche" Christen und leben weltlich. Der Apostel Johannes schreibt:

Daß wir nun Gottes Gebote halten, ist der Beweis dafür, daß wir Gott kennen. Sollte allerdings jemand behaupten: „Ich kenne Gott", seinen Geboten aber trotzdem nicht gehorchen, so ist er ein Lügner, der Christus gar nicht kennt. Doch wer sich an Gottes Wort hält und danach lebt, an dem zeigt sich Gottes ganze Liebe. Daran ist zu erkennen, ob wir wirklich Christen sind. Wer von sich sagt, daß er zu Christus gehört, der soll auch so leben, wie Christus gelebt hat. (1. Johannes 2,3-6)

Das Problem der Kirche von heute ist, daß sie bei der Gesellschaft einen schlechten Geschmack hinterläßt, weil so viele Christen ihre Würze verloren haben. Die meisten Christen kämpfen um ihr Überleben in der Welt und sind weit davon entfernt, diese zu erhalten. Doch Jesus hat uns zu etwas anderem beauftragt:

„Ihr seid das Salz, das die Welt vor dem Verderben bewahrt. Aber so, wie das Salz nutzlos ist, wenn es seine Kraft verliert, so seid auch ihr nutzlos, und man wird über euch hinweggehen, wenn ihr eure Aufgabe in der Welt nicht erfüllt." (Matthäus 5,13)

Fünftens streben Christen nach leichten Lösungen und schnellem Erfolg. Die meisten Diener Gottes scheuen feurige Predigten über Heiligkeit und Buße. Stattdessen geben sie den Wünschen ihrer Herde nach und predigen „Wohlfühlpredigten" über Gesundheit, Wohlstand und Erfolg. Es scheint, daß der Blickwinkel vieler Prediger sich darauf ausrichtet, das materielle und seelische Los der Gläubigen auf dieser Welt zu verbessern, anstatt zuerst das Reich Gottes und seine Gerechtigkeit zu suchen (Matthäus

6,33) und nach der Erfüllung des Missionsbefehls zu trachten (Matthäus 28,18-20).

Viele Prediger überstrapazieren die Vorteile des Christseins. Dadurch führen sie die Gläubigen zu einem oberflächlichen Glauben, mit dem diese bald Schiffbruch erleiden, wenn Ernüchterung oder Belastungen eintreten.

Jesus sagt zwar: *„Mein Joch ist sanft und meine Last ist leicht."* *(Matthäus 11,30)* Trotzdem ruft er uns, ihm zu folgen und die Kosten nicht zu scheuen, und er verspricht uns nie, daß unser Weg immer eben sein wird. Unser Herr erlitt am Kreuz für uns echte Todesangst. Paulus erlebte nicht nur geistliche Siege, sondern auch Enttäuschung, Schmerz, Leid und schließlich den Märtyrertod (2. Korinther 11,22-33).

Corrie ten Boom, die das nationalsozialistische Konzentrationslager in Ravensbrück überlebte, sagte oft: „Das Schlimmste kann geschehen, aber das Beste bleibt bestehen."

„Wenn ein Prediger oder Lehrer die materiellen oder die geistlichen Vorteile des christlichen Lebens überbetont", sagt Billy Graham, „unterstützt er meiner Meinung nach das Werk des Teufels, der die Menschen täuscht. Es gibt nichts, was dem neuen Leben in Jesus Christus vergleichbar wäre, aber es ist nicht immer einfach ..." [4]

Billy Graham wendet sich auch gegen Prediger, die die christliche Nachfolge falsch darstellen, indem sie nur von geistlichen Siegen berichten, was dazu führt, daß Christen sich in ihrem eigenen Leben von Gott enttäuscht fühlen:

„Wenn wir nur von Siegen berichten, sagen wir nur die halbe Wahrheit. Wenn wir nur von erhörten Gebeten berichten, vereinfachen wir stark. Wenn wir davon ausgehen, daß der christliche Glaube kein Joch und keine Bürde bedeutet, sagen wir nicht die volle Wahrheit. Einfache Antworten auf schwierige Fragen täuschen die Herde." [5] Über das Leben in der Nachfolge Christi verweist Graham auf Paulus. Dieser schreibt in einer Zeit der Belastung und der Unsicherheit an die Gemeinde zu Philippi:

„Ich habe gelernt, in allen Lebenslagen zurechtzukommen. Ob ich nun wenig oder viel habe, beides ist mir durchaus vertraut, und so kann ich mit beidem fertigwerden: Ich kann satt sein und hungern; ich kann Mangel leiden und Überfluß haben. Das alles kann ich durch Christus, der mir Kraft und Stärke gibt." (Philipper 4,11-13)

Sechstens ist die Kirche durch eine Mentalität geschwächt, die stets die Frage stellt: „Was bringt es mir?" Viele Christen antworten achselzuckend, wenn man ihnen die verzweifelte Lage der Welt schildert und sie zu christlichem Handeln aufruft: „Jesus hat das alles vorausgesagt; warum sollte ich mich aufregen?" Anstatt sich motivieren zu lassen, das Evangelium zu verbreiten, leben sie für die „Entrückung" und wollen allen Schwierigkeiten ausweichen.

Siebtens ist die Welt so in die Kirche eingedrungen, daß diese von der Kultur abhängig geworden ist. Ergebnisse der Barna-Forschung führten zu folgendem Schluß: Obwohl Christus selbst uns beauftragt hat, Boten zu sein, die die Welt verändern, haben wir uns faszinieren lassen vom Reiz der modernen Kultur. [6]

In gewissem Maß ist die Kirche sich dessen bewußt, hat aber Mühe, sich von den unmoralischen Einflüssen unserer Kultur zu trennen. Dies erkennt man leicht an der Bekleidung und am Verhalten vieler Kirchgänger und an der weltlichen Unterhaltung, die sie suchen.

Da sie zu Hause häufig Fernsehfilme sehen, die nicht als „jugendfrei" gelten würden, macht es ihnen auch nichts aus, solche Filme im Kino anzusehen. Diese Filme überfluten ihr Inneres mit Gewalt, reißerischem Sex und profanen Dingen. Es ist ganz normal, daß der Name Gottes in solchen Filmen ironisch oder abfällig gebraucht wird - schließlich wird dies als Teil der Unterhaltung akzeptiert. Abgestumpft wie sie sind, verzehren Gläubige dabei Salzgebäck, gießen eine kalte Cola nach und folgen ohne innere Erschütterung gespannt der Handlung.

Unsere Alternative

Es ist offensichtlich, daß die meisten Christen geistlich gleich-gültig sind und sich wenig für die Seelen der Nichtchristen interes-sieren. Aber steht der Tod der Kirche in Amerika von vornherein fest? Keineswegs!

Wir müssen nicht wie die Christen in Ephesus sein, die ihre er-ste Liebe verlassen haben (Offenbarung 2,4). Wir müssen auch nicht wie die Christen in Laodizea sein, von denen es heißt:

„Weil du aber lau bist und weder warm noch kalt, werde ich dich ausspeien aus meinem Munde. Du sprichst: 'Ich bin reich und habe genug und brauche nichts!' Und weißt nicht, daß du elend und jämmerlich bist, arm, blind und bloß." (Offenba-rung 3,15-17; Luther 1984)

Jeder von uns hat das Wort Gottes zuhause. Wir können es le-sen, verstehen und ihm gehorchen. Wir können uns direkt zu Gott wenden. Wir brauchen nicht darauf zu warten, daß andere uns den richtigen Weg führen.

Mit der Hilfe des Heiligen Geistes können wir den Kampf gegen unsere fleischliche Natur gewinnen, indem wir ihr nicht gehor-chen (Galater 5,16-17). Wir müssen nicht den Wegen der Welt folgen (1. Johannes 2,1-6.15-17).

Ich muß oft an etwas denken, das ich viele Mitarbeiter und an-dere Menschen gelehrt habe: Als Christen müssen wir vom Aufste-hen bis zum Schlafengehen Gott von ganzem Herzen und ganzer Seele, von ganzem Verstand und mit aller unserer Kraft lieben, sei-ne Gebote befolgen und seinen Verheißungen trauen. Das ist alles. Daraus ergibt sich dann alles weitere.

Darum wird es bei der kommenden Erweckung gehen: daß Gottes Volk zur Umkehr gerufen und zur ersten Liebe zurück-geführt wird, zu einem Leben des Glaubens und fröhlichen Ge-horsams.

5. Kapitel
KENNZEICHEN EINER ERWECKUNG

*E*ine wunderbare Erweckung braust über Wales. Das ganze Land, von den Städten bis in die Kohlenbergwerke, ist vom Evangelium entzündet ...“ [1]

Der Leiter dieses großen geistlichen Erwachens im Jahr 1904 war ein junger Bergarbeiter aus Wales mit Kohlenstaub im Haar und Ruß unter den Fingernägeln. Er besaß keine rednerischen Fähigkeiten und war auch nicht belesen. Das einzige Buch, das er kannte, war die Bibel, und sein Herz brannte leidenschaftlich für Gott und sein heiliges Wort.

Jahrelang sehnte sich Evan Roberts danach, das Evangelium zu verkündigen, und er bestürmte täglich seinen himmlischen Vater, er möge ihn verändern und gebrauchen. Als Roberts 25 Jahre alt war, kündigte ihm seine Vermieterin, weil er in seinem Zimmer laut betete. Unten im Bergwerk las er in seiner Bibel, während die anderen rauchten und lachten.

Eines Tages im Jahre 1904, als Roberts gerade betete, offenbarte Gott ihm, daß er in Wales eine Erweckung schenken würde, und daß sich 100 000 Ungläubige zu Christus wenden würden. Dann zeigte der Heilige Geist Roberts, daß die kommende Erweckung sich wie ein Steppenbrand von Wales nach England ausbreiten würde, um dann ganz Europa, Afrika und Asien zu erfassen.

Von dieser Vision bewegt, suchte Roberts eine Gelegenheit zu predigen, fand aber keine. Er bat seinen Pastor inständig, ihn predigen zu lassen, aber zuerst lehnte der verblüffte Pastor die Bitte dieses einfachen Bergarbeiters ab. Nach weiterem Drängen gab er schließlich nach.

„Also gut, Evan, du kannst nach dem Mittwochabendgottesdienst predigen", sagte er, „sofern jemand bleibt und zuhört."

17 interessierte Menschen blieben zurück. Der junge Evangelist verkündigte kühn, was Gott ihm gesagt hatte. Seine Botschaft war einfach:

1. Bekennt Gott jede euch bewußte Sünde.
2. Gebt jede zweifelhafte Gewohnheit in eurem Leben auf.
3. Gehorcht der Eingebung des Heiligen Geistes.
4. Gebt öffentlich Zeugnis für Christus.

Obwohl Roberts ungeübt im Predigen war, wurden der Pastor und diese 17 Gemeindeglieder innerlich von Gott berührt und fingen an, für Gott zu brennen.

Am nächsten Abend kamen mehr Menschen, um den jungen Prediger zu hören, und das Feuer erfaßte rasch auch andere Gemeinden. Innerhalb eines Monats kamen 37 000 Menschen nach vorne zum Altar, um ihre Sünden zu bekennen und Jesus Christus als ihren Herrn und Erlöser anzunehmen. Innerhalb von fünf Monaten fanden 100 000 Menschen im ganzen Land den Weg in das Reich Gottes: Roberts' Vision erfüllte sich!

Die Zeitung „Ram's Horn" berichtet, daß Evan Roberts ein Unbekannter war, aber „als er gerufen wurde, gehorchte er. Er betonte, daß er durch die direkte Führung des Heiligen Geistes zu dieser Arbeit berufen worden war. Er wurde sofort und ohne Wenn und Aber von den Menschen akzeptiert. Wo er auch hinging, wurden die Herzen von der Liebe Gottes entzündet." [2]

Der „Methodist Recorder" schreibt: „Wales befindet sich im Begeisterungstaumel der bemerkenswertesten Erweckung, die es je gegeben hat. Es ist nicht weniger als eine 'moralische Revolution'." [3]

Die Schulen schlossen, und die Schüler gingen singend in die Gebetsversammlungen. Kinder hielten in Häusern und Höfen ihre eigenen Versammlungen und wetteiferten mit ihren Vorbildern, den Pastoren der Gemeinde.

Männer fingen an, Gebetskreise zu gründen. Es wird berichtet, daß ihre Gebete kraftvoll und leidenschaftlich waren. In einer Stadt gab es z.B. einen Gebetskreis, der sich „Steh auf!" nannte. Diese Männer beteten manchmal die ganze Nacht über, daß Gott andere Männer aus dem Bett holen, sie ihrer Sünde überführen und ihre Seelen retten würde. Und tatsächlich gab es manche, die mitten in der Nacht aus dem Bett krochen, eine Versammlung aufsuchten und zu Jesus riefen, er möge sie retten.

Auch in den Bergwerken breitete sich die Erweckung aus. Aber nicht alle waren glücklich über diese Entwicklung. In einer Zeit, in der die Geistlichen die Religion mit ehrerbietigem Ernst betrachteten, nannten einige Pastoren Evan Roberts einen jugendlichen Seher mit unorthodoxen Methoden. Sie konnten nicht verstehen, warum er lächelte, wenn er betete, oder gar lachte, wenn er predigte. Aber seine Zuhörer sagten, er habe das Licht Gottes auf seinem Gesicht und die Freude Gottes in seinem Herzen.

Wie Gott ihm gezeigt hatte, schwappte die Erweckungsbewegung nach England über. Die Zahl der Menschen, die dort Christus annahmen, wird auf zwei Millionen geschätzt. Dann ergriff der Heilige Geist West- und Nordeuropa. Als er auf Norwegen „fiel", füllten so viele Menschen die Kirchen, daß die Geistlichen Laien ordinieren mußten, um den Massen das Abendmahl auszuteilen. Dann breitete sich der Geist der Erweckung bis nach Afrika, Indien, China und Korea aus.

In Amerika verfolgten Pfarrer das Wirken Gottes, so gut sie es konnten, mit Hilfe der bruchstückhaften Informationen aus Europa. Sie hielten in den Großstädten Versammlungen ab, wo sie beschlossen, wie sie auf Gottes Wirken reagieren wollten, wenn es ihr Land erreichen würde. Für sie war es nicht die Frage, „ob", sondern „wann". Und Gott belohnte ihre Erwartung: der Geist kam, und sein heiliges Feuer loderte von Stadt zu Stadt.

In Atlantic City, New Jersey, das damals 60 000 Einwohner hatte, sollen „nicht einmal 50" es abgelehnt haben, zu Jesus Christus zu kommen. In Burlington, Iowa, schlossen alle Geschäfte und Fabriken, sodaß die Angestellten an den Gebetsversammlungen teilnehmen konnten. In Denver, Colorado, rief der Bürgermeister einen Tag des Gebetes aus, und um zehn Uhr morgens waren die Kirchen voll, und weitere 12 000 Menschen füllten die Theater und Versammlungsräume in der Stadt.

In Portland, Oregon, unterzeichneten 240 Geschäfte eine Vereinbarung, daß sie von 11 bis 14 Uhr schließen würden, um ihren Angestellten und Kunden zu ermöglichen, in aller Freiheit Gott zu suchen. In Los Angeles, Kalifornien, marschierten Tausende durch die Straßen und feierten das Kommen des Heiligen Geistes, und 200 000 versammelten sich bei einer einzigen Großversammlung unter freiem Himmel. Geschichtsforscher schätzen, daß etwa 20 Millionen Menschen zu Christus gefunden haben, während das Feuer dieser Erweckung in Amerika brannte.

Was ist Erweckung?

Heute sprechen Gemeinden von „Erweckung", wenn sie einige aufregende Gottesdienste erleben. Aber Erweckung ist viel mehr. Lassen Sie uns einige Merkmale betrachten:

Erstens ist Erweckung Gottes souveränes Handeln. Der Heilige Geist benutzte Evan Roberts, um 1904 eine Erweckung auszulösen, wofür die Waliser seit 1901 ernsthaft gebetet hatten. Die betenden Christen hatten mit dem Heiligen Geist „zusammengearbeitet", indem sie auf sein Werk in ihnen geantwortet hatten. Der Apostel Paulus schreibt:

Gott aber kann viel mehr tun, als wir von ihm erbitten oder uns auch nur vorstellen können. So groß ist seine Kraft, die in uns wirkt. (Epheser 3,20)

Der Heilige Geist ist derjenige, der uns zur Liebe zu Christus befähigt und sie Gestalt werden läßt. Wir können Gottes Wort nicht verstehen, wenn uns nicht der Heilige Geist, der die Verfasser inspirierte, leitet. Wir können nicht beten, wenn er nicht für uns eintritt. Wir können nicht Zeugen für Jesus Christus sein ohne seine Kraft. Deshalb ist Erweckung das Werk des Heiligen Geistes, der dritten Person der Dreieinigkeit.

Es war Gottes mächtiges Wirken, als er mir 1951 die Vision für Campus für Christus gab. In jenem Moment dachte ich gar nicht an Gott, denn ich lernte mit einem Freund für meine Abschlußprüfung.

In gewisser Weise glich meine Erfahrung der Begegnung des Apostels Paulus mit dem lebendigen Christus auf der Straße nach Damaskus. Seine Begleiter hörten zwar die Stimme, die zu Paulus sprach, aber sie sahen das helle Licht nicht, das Paulus erblinden ließ. Als Gott zu mir sprach, saß der Studienkollege mit mir am gleichen Tisch und lernte, aber er hatte keine Ahnung, was mit mir geschah. Ich hörte keine Stimme, aber Gottes Botschaft hätte nicht klarer sein können, auch wenn sie per Radio über 100 Lautsprecher ausgestrahlt worden wäre.

Nachdem der Heilige Geist mir die Vision gegeben hatte, war ich so voller Begeisterung und Energie, daß alles in mir Gott lobte. Deshalb sagte ich zu meinem Freund: „Laß uns einen Dauerlauf machen!" Er machte mit, aber er konnte nicht verstehen, warum ich so voller Freude war.

Zweitens ist Erweckung eine göttliche Heimsuchung. Man wird entdecken, daß die geistliche Erneuerung einzig und allein Gottes Gedanke war, und die Gläubigen erkennen, daß sie ihm nur antworten können. Manchmal erscheint Gott in Kraft, und wir wissen gar nicht, was wir gesagt oder getan haben, um ihn dazu zu veranlassen - und vielleicht hatte es überhaupt nichts mit unserer Frömmigkeit zu tun.

1947 besuchte ich eine Veranstaltung im christlichen Konferenz-
zentrum „Forest Home" in Kalifornien. Eine Freundin von mir, Dr.
Henrietta Mears, Direktorin für christliche Erziehung an der First
Presbyterian Church in Hollywood, war die Rednerin. Dr. Louis
Evans und ich brachten sie zu ihrem Zimmer zurück. Wir plauder-
ten miteinander und genossen die Gemeinschaft; deshalb lud sie
uns zu sich ein. Als wir weiter miteinander sprachen, hüllte uns
plötzlich der Heilige Geist ein. Ich war noch ein junger Christ und
hatte wenig Ahnung über die Person des Heiligen Geistes, deshalb
wußte ich nicht, was mit mir geschah. Aber ich empfand überströ-
mende Freude. Dr. Evans sagte, es war, als ob feurige Kohlen seinen Rücken hinauf- und herunterrutschten.

Wie wir so beteten und Gott lobten, kam Dr. Richard Halverson
herein. Er war ein entmutigter Pfarrer aus Coalinga, Kalifornien.
Er kam, um Dr. Mears' seelsorgerlichen Rat zu suchen, wie er seinen Dienst aufgeben und in die Unterhaltungswelt von Hollywood
zurückkehren könne, aus der er vor seiner Bekehrung gekommen
war.

Als er hereinkam, beteten wir, und keiner sagte etwas zu ihm.
Aber der Heilige Geist heilte ihn auf der Stelle von seiner Niederge-
schlagenheit, und sein Herz wurde voller Freude und Liebe.

In wenigen Augenblicken wurden wir alle verändert. Keiner von
uns war danach je wieder derselbe, und Gott vertraute jedem von
uns wesentliche Aufgaben in seinem Weinberg an. Dr. Evans blieb
weiterhin Geistlicher und wurde sehr bekannt. Viele Jahre lang
war er Pastor der National Presbyterian Church, der „Kirche der
Präsidenten". Dr. Halverson wurde Kaplan im US-Senat und war
über 30 Jahre lang als internationaler christlicher Staatsmann anerkannt. Wir alle hatten eine göttliche Heimsuchung erlebt.

*Drittens ist Erweckung eine Zeit persönlicher Demütigung,
Vergebung und Wiederherstellung im Heiligen Geist.* Es ist eine
Zeit, in der der Geist eine Person aufruft, über die sichtbaren Sün-
den Buße zu tun, und dann die Bereiche aufdeckt, die weniger

offensichtlich sind, wie Kälte des Herzens oder Verlust der ersten Liebe, oder die Weigerung, die persönliche „Behaglichkeitszone" zum Dienst für Jesus zu verlassen.

Der Evangelist James Burns schreibt: Erweckung wirkt oft wie Feuer, bevor sie heilt; sie tadelt Pfarrer und andere Christen wegen ihres mangelnden Zeugnisses, ihres selbstsüchtigen Lebensstiles und ihrer Vernachlässigung des Kreuzes. Sie ruft sie zur Selbstaufgabe, zu evangelikaler Armut und einer täglichen Hingabe auf. Deshalb ist Erweckung bei der Mehrzahl von Kirchenmitgliedern von jeher unbeliebt gewesen. Sie sagt nichts von Macht (nach weltlicher Weise), wie sie es gerne hätten, spricht nicht von Wohlergehen oder Erfolg. Erweckung bezichtigt sie der Sünde, sagt ihnen, daß sie tot sind und ruft sie zum Leben, zur Abkehr von der Welt und in die Nachfolge Jesu Christi. [4]

Viertens ist die Predigt zu Erweckungszeiten unter der Salbung des Heiligen Geistes frei von Furcht - wie in Apostelgeschichte 4,31, als sie das Wort Gottes „mit Freimut" verkündigten.

Ein Beispiel dafür sind die Predigten von Jonathan Edwards, einem puritanischen Prediger, der schließlich Präsident des Princeton College wurde. Im Juli 1781 hielt er in Enfield, Connecticut, eine Predigt, durch die er die „Große Erweckung" in Amerika entzündete. In dieser Predigt mit dem Titel „Sünder in den Händen eines zornigen Gottes" zeichnete er die Hölle so anschaulich, daß viele Gemeindeglieder mit zitternden Knien in den Bänken saßen. [5] Ihre Sündenerkenntnis war an einer Stelle so groß, daß Edwards eine ganze Weile warten mußte, bis die Menschen lang genug zu Gott gerufen hatten, er möge sie erretten. Erst als sie wieder ruhig wurden, konnte er fortfahren.

John Wesley, den Gott in den Erweckungen in England und Amerika mächtig gebrauchte, lehrte seine Evangelisten grundsätzlich, daß sie beim Predigen zuerst von der Liebe Gottes zum Menschen allgemein sprechen sollten. Dann sollten sie ihre Kraft aufwenden, um das Gesetz der Heiligkeit zu predigen und die Gewissen zutiefst zu treffen. Dann, aber erst dann, sollten sie die Herrlichkeit des Evangeliums von der Vergebung und vom ewigen Leben groß-machen. Bewußt oder unbewußt entsprechen seine Anweisungen dem Aufbau des Römerbriefes. [6]

Fünftens ist die Gegenwart des Heiligen Geistes kraftvoll.

Furchtloses Predigen, bei dem Christus im Mittelpunkt steht und bei dem die Menschen buchstäblich vor Gott auf ihr Angesicht fallen, ist oft ein Merkmal von Erweckung. Unter John Wesley und George Whitefield in England war die ehrfurchtgebietende Gegenwart des Heiligen Geistes etwas Normales. Sie hatte mächtige Auswirkungen auf die Menschen.

Wesley schreibt über einen Erweckungsgottesdienst mit Whitefield in sein Tagebuch: „Kaum hatte er begonnen, alle Sünder zum Glauben an Christus einzuladen, als vier Personen fast im gleichen Augenblick in seiner Nähe zusammenfielen. Einer lag völlig regungslos da. Ein zweiter zitterte heftig, der dritte hatte starke Zuckungen am ganzen Körper, aber er gab keinen Laut von sich außer Seufzen. Der vierte schrie, ebenfalls unter Zuckungen, mit lautem Rufen und unter Tränen zu Gott."

Wesley und Whitefield fanden dieses Verhalten befremdlich und schlossen einige Personen von ihren Versammlungen aus. Aber eine gewisse Lady Huntington schrieb Whitefield und gab ihm den Rat, die Leute gewähren zu lassen, weil es den Gottesdienst dämpfen würde, wenn er die Leute wegschickte. „Lassen Sie sie schreien", sagte sie. „Dies wird weit mehr nutzen als Ihre Predigten." Und Wesley schreibt in sein Tagebuch: „Von dieser Zeit an, glaube ich, werden wir Gott erlauben, sein Werk in einer Weise zu tun, die ihm gefällt." [7]

Charles Finney sagt über die Salbung, die über Erweckungsprediger kommt, folgendes: „Wenn ich nicht aus Eingebung predigen würde, wüßte ich nicht, wie ich predigen sollte. Ich habe oft die Erfahrung gemacht ... daß sich mir das Thema in einer Weise öffnete, die mich selbst überraschte. Ich wußte mit intuitiver Klarheit ganz genau, was ich sagen sollte, und ganze Folgen von Gedanken, Worten und Beispielen kamen so schnell zu mir, wie ich sie aussprechen konnte." [8]

Finney gilt als Vater moderner Erweckungsbewegungen. Wenn er in eine Kirche kam, brachte die überführende Kraft Gottes die Menschen oft dazu, ihre Bänke zu verlassen, im Gang niederzufallen und um Vergebung zu flehen.

J. Edwin Orr, ein Experte auf dem Gebiet der Erweckung, berichtet von einer anderen Reaktion Gläubiger in der Erweckung von 1858:

„Auch noch so überfüllte Versammlungen waren feierlich durch ihre tiefe und eigenartige Stille. Tiefstes Berührtsein und schreckliche Furcht fanden ihren Ausdruck in konzentrierter Meditation und halb unterdrücktem tiefen Seufzen; gleichzeitig äußerte sich die Freude über Hoffnung und Vergebung in Tränen, die die Augen zugleich heller denn je leuchten ließen." [9]

Einige amerikanische Erweckungen waren gekennzeichnet durch Wunder und widersprüchliche Erfahrungen: Menschen zitterten, zuckten, stöhnten, fielen in Ohnmacht, fielen zu Boden oder tanzten vor Freude. Aber in der Erweckung von 1858 wurde „eine ganz andere Art von Geistesgaben verbreitet - nämlich die Gaben, Gemeinden zu pflanzen oder prophetisch zu ermahnen und die Gaben des Evangelisten, Pastors und Lehrers. Diese Gaben wirkten bei denen, die offiziell von der Kirche ordiniert waren, aber sie fanden sich auch bei demütigen Laien, die nur vom Heiligen Geist ordiniert waren." [10]

Sechstens verändert Erweckung die Gesellschaft und ganze Völker. Der amerikanische Theologe A. W. Tozer definiert Erweckung als ein Wirken Gottes, das „das moralische Klima der Gesellschaft verändert." [11]

Die Geschichte zeigt, daß wahre Erweckung weit über alle Kirchenmauern hinausgeht und die Gesellschaft grundlegend erneuert. So war z.B. der soziale Einfluß während der Erweckung in

Wales erstaunlich. Für eine gewisse Zeit gab es keine Verbrechen mehr: keine Vergewaltigungen, keinen Diebstahl, keine Morde, keine Einbrüche, keine Veruntreuungen - die Richter hatten nichts mehr zu tun. „Die Gebietskonsule hielten eine Krisensitzung, um zu besprechen, was mit der Polizei geschehen solle, die nun nichts mehr zu tun hatte. Trunksucht ging um die Hälfte zurück. Nach Beginn der Erweckung fiel in zwei Grafschaften die Rate illegaler Geburten innerhalb eines Jahres um 44%." [12]

Erweckung hat auch die damalige Situation Amerikas geformt. Der junge George Whitefield, der gerade in England die Erweckung mit John Wesley erlebt hatte, gesellte sich zu Jonathan Edwards in New England und machte sich mit großer Begeisterung in die weiten Erntefelder auf.

Tausende bekehrten sich, als er prophetisch über „die politische Freiheit von der englischen Unterdrückung und die geistliche Freiheit von der Sklaverei der Sünde" sprach. [13] Als der Heilige Geist in Männern wie Edwards und Whitefield brannte, wurden aus einer einheimischen Bevölkerung von 250 000 Menschen 50 000 Seelen gerettet. Diese Menschen zusammen mit den bereits Gläubigen waren genug, um „das Schicksal (unseres) Landes zu bestimmen". [14]

1800 brauste die große Erweckung von Kentucky durch Tennessee, Nordkarolina und weiter nach Westen. Orr berichtet, daß sich aus dieser Erweckung „die gesamte Missionsbewegung, die Abschaffung der Sklaverei und das allgemeine Schulwesen entwickelt haben. Über 600 Hochschulen im Mittleren Westen wurden durch die Erweckungsbewegung gegründet." [15]

Unsere Aufgabe

Wir brauchen nicht erst auf eine allgemeine Ausgießung des Heiligen Geistes auf die Kirche und auf unser Volk zu warten. Unsere Aufgabe besteht schlicht darin, uns der Herrschaft Jesu Christi und der Leitung des Heiligen Geistes auszuliefern, zu fasten, zu beten und dem Wort Gottes gehorsam zu sein. Wenn wir diese Bedingungen erfüllen, können wir erwarten, daß der Heilige Geist unser Leben umgestaltet.

Ich möchte diese Tatsache mit der Geschichte zweier Bauern vergleichen. Sie lebten auf benachbarten Bauernhöfen. Sie waren beide arm, als sie mit der Landwirtschaft anfingen, und hatten ungefähr die gleiche Ausstattung. Heute jedoch ist der eine reich, der andere arm. Der reiche Bauer arbeitet viel. Er wählt sein Saatgut sorgfältig aus. Er pflügt den Boden, düngt und bewässert ihn. Und er bringt zur rechten Zeit die Ernte ein.

Der andere Bauer ist faul und undiszipliniert. Er nimmt kein gutes Saatgut, düngt den Boden nicht richtig und überläßt vieles dem Zufall. Er sitzt gern auf der Bank vor seinem Haus und beobachtet die Welt um sich herum. Gott sendet beiden Bauern Sonne und Regen. Aber er erwartet, daß die Bauern sich die Hände schmutzig machen und ihren Teil beitragen.

Ich glaube, in geistlicher Hinsicht verhält es sich ähnlich. Gott möchte dem Erweckung schenken, der bereit ist, Buße zu tun und ihn zu suchen. Jesus sagt:

„Glücklich sind, die sich nach Gottes Gerechtigkeit sehnen, denn Gott wird ihre Sehnsucht stillen." (Matthäus 5,6)

Gottes Wort verspricht, daß er uns segnen wird, wenn wir uns vor ihm demütigen, ihn lieben und ehren. Aber dem faulen, ungehorsamen Menschen ist kein Segen verheißen.

Gottes Heiliger Geist ist souverän. Er arbeitet, wann und wo er will. Aber wir sollten stets sein Wirken im Leben einzelner Menschen und ganzer Völker erbitten und dann damit rechnen. Persönliche Erweckung fängt mit einer inneren Berufung durch den Heiligen Geist an (Philipper 2,13; Johannes 16,8-11). Das Gewissen wird durch einen solchen Ruf beunruhigt. Der Wille fällt die Entscheidung, ob der Mensch dem Ruf gehorcht oder ob er ihn ignoriert.

6. *Kapitel*

DAS FEUER VOM HIMMEL

V on Natur aus neigen wir alle dazu, den Weg des gering-
sten Widerstandes zu gehen. Besonders wir Amerikaner
sind dafür bekannt, Schmerz unter allen Umständen zu vermeiden.

Studenten erleichtern sich die Arbeit, indem sie statt der ihnen
aufgetragenen Leseaufgaben nur Zusammenfassungen lesen. Zur
sportlichen Betätigung wählen wir leichte Übungsprogramme, damit wir nicht allzusehr ins Schwitzen kommen. Wir suchen ständig
nach einer Superdiätpille, damit wir abnehmen und trotzdem alles
essen können, was uns schmeckt. Es scheint jeden Monat eine neue
Methode zu geben, wie man abnehmen kann, ohne zu fasten oder
Sport zu treiben. Trinkkuren, Bananenkuren, Proteinkuren - die
Liste ließe sich fortsetzen.

Wenn es darauf ankommt, wollen die meisten von uns nicht
hart arbeiten. Selbst in den Bereichen, die zu unserem Besten dienen - wie Studieren, Sport und Abnehmen - vermeiden wir es, Disziplin zu üben. Dies gilt besonders, wenn es sich um die geistliche
Disziplin des Fastens und Betens handelt. Wir alle würden zuge-
ben, daß es wichtig ist, regelmäßig mit Gott Gemeinschaft zu haben. Auf meinen vielen Reisen um die Welt spreche ich oft mit
Christen; dabei finde ich aber wenige, die ein natürliches Verlangen nach Gebet haben; und noch weniger, die sich im Fasten üben.

Dennoch haben über die Jahrhunderte hinweg alle Menschen,
die Großartiges für und mit Gott gewirkt haben, die Notwendigkeit
des Fastens und Betens bestätigt. Einer von ihnen war John Wesley,
der während der Großen Erweckung die Welt für Gott erschütter-

te.

John Wesley, sein Bruder Charles sowie ihr Freund George Whitefield und andere Gläubige fasteten und beteten regelmäßig, als sie 1732 Studenten an der Universität Oxford waren. Diese „ganz normalen" Christen studierten und lebten mit Gott inmitten von jungen Adeligen, die sich über sie mokierten und ihnen den Spitznamen „Heiliger Club" gaben. Da sie die geistliche Macht des Fastens und Betens erlebt hatten, führten sie diese Disziplin später in ihrem einflußreichen Dienst fort.

John Wesley glaubte so sehr an diese Kraft, daß er die Gläubigen drängte, jeden Mittwoch und Freitag zu fasten. Er hielt es für so wichtig, diese zwei Tage in der Woche zu fasten, daß er keinen zum Prediger ordinierte, der damit nicht übereinstimmte.

Die Namen der anderen großen christlichen Leiter, die sich dazu entschlossen, Gebet und Fasten zu einem festen Bestandteil ihres Lebens zu machen, sind ruhmreich in die Geschichte eingegangen: Martin Luther, Johannes Calvin, Jonathan Edwards, Charles Finney, Andrew Murray, und viele andere mehr.

Warum waren diese Menschen so überzeugt von der Notwendigkeit des Fastens und Betens? Und wie trägt Fasten dazu bei, daß Gott das Feuer der Erweckung auf einzelne und auf die Kirche fallen läßt?

Warum wir fasten sollen

Die Heilige Schrift, die Kirchenväter und einige christliche Leiter von heute liefern uns biblische Einsichten in die geistliche Notwendigkeit des Fastens:

● Es ist eine biblische Weise, sich im Anblick Gottes wahrhaft vor seinem Angesicht zu demütigen (Psalm 35,13; Esra 8,21).
● Beim Fasten deckt der Heilige Geist den wahren geistlichen Zustand eines Menschen auf, was zu Umkehr und Erneuerung führt.
● Fasten ist ein entscheidendes Mittel zur persönlichen Erweckung,

weil der Heilige Geist dabei in einer ungewöhnlichen, kraftvollen Weise in uns arbeitet.

● Durch Fasten verstehen wir das Wort Gottes besser; es wird bedeutungsvoller und praktischer.

● Fasten macht das Gebet zu einer reicheren und persönlicheren Erfahrung.

● Fasten kann zu einer persönlichen Erweckung führen: Der Mensch wird vom Heiligen Geist geführt und gewinnt ein starkes Gefühl geistlicher Entschlossenheit.

● Fasten kann die erste Liebe zu Gott wiederherstellen.

Zu Zeiten des Alten und Neuen Testamentes und in den vergangenen 2000 Jahren war Fasten eines der wichtigsten Mittel, um sich vor Gott zu demütigen.

In Jesaja 58,5 beschreibt der Prophet Fasten als „einen Tag, an dem man sich kasteit". In Psalm 69,11 sagt David: *„Ich weine bitterlich und faste."* Und in Psalm 35,13 schreibt er: *„Ich tat mir wehe mit Fasten."*

Jesus lehrt: *Aber alle, die sich für wichtig halten, werden gedemütigt werden. Wer sich aber selbst erniedrigt, den wird Gott erhöhen. (Matthäus 23,12)*

Der Apostel Petrus schreibt: *„Deshalb beugt euch in Demut unter Gottes mächtige Hand. Gott wird euch aufrichten, wenn seine Zeit da ist."* (1. Petrus 5,6)

Und Jakobus ermahnt: *„Wendet euch zu Gott, so wird er zu euch kommen ... Seht doch endlich, wie groß eure Schuld ist; erschreckt und trauert darüber! Dann werdet ihr nicht mehr lachen, sondern weinen; und aus eurer Freude wird Leid. Erkennt eure Unwürdigkeit und beugt euch vor dem Herrn! Erst dann wird Gott euch helfen und aufrichten."* (Jakobus 4,8-10)

Demut ist eine Herzenshaltung. In der Bibel heißt es: *„Die Opfer, die Gott gefallen, sind ein geängsteter Geist, ein geängstetes Herz wirst du, Gott, nicht verachten."* (Psalm 51,19) Gott wird uns hören und auf unser Rufen antworten, wenn wir demütig und innerlich zerbrochen zu ihm kommen, unsere Sünde erkennen und bekennen und ihn bitten, uns durch das Blut Jesu Christi zu reinigen und uns mit seinem Heiligen Geist zu erfüllen.

Fasten ist Ausdruck unserer Hingabe an Christus. Arthur Wallis schreibt in seinem Buch über das Fasten: „Wenn ein Mensch bereit ist, auf die Nahrung des Leibes, die ihm eigentlich zusteht, zu verzichten und sich auf die Arbeit des Gebets zu konzentrieren, zeigt er damit, daß es ihm ernst ist und daß er Gott von ganzem Herzen sucht und nicht eher aufgeben wird, als bis Gott ihm antwortet." [1]

Wallis sagt, daß Jesus unser Vorbild ist. „Als er diese (40 Tage Fasten) annahm, bestätigte er noch einmal seinen Entschluß, den Willen seines Vaters bis ans Ende zu tun." [2]

Wozu dient Fasten?

Fasten ist ein wichtiges Mittel der Wiederherstellung. Wenn unsere Seele sich demütigt, setzt das Fasten den Heiligen Geist frei, sein besonderes Werk der Erweckung in uns zu tun. Dies verändert unsere Beziehung zu Gott nachhaltig, führt uns in ein tieferes Leben in Christus und schenkt uns ein größeres Bewußtsein für die Wirklichkeit und Gegenwart Gottes in unserem Leben. Fasten verringert die Kraft unseres Ichs, sodaß der Heilige Geist intensiver an uns arbeiten kann. Der Apostel Paulus schreibt:

„Er selbst bewirkt ja beides in euch: den guten Willen und die Kraft, ihn auch auszuführen." (Philipper 2,13)
„Gott aber kann viel mehr tun, als wir von ihm erbitten oder uns auch nur vorstellen können. So groß ist seine Kraft, die in uns wirkt." (Epheser 3,20)

Obwohl sich diese Stellen nicht direkt auf das Fasten beziehen, ist es sicher wahr, daß Gottes Kraft besser in uns wirken kann, wenn wir uns demütigen. Dann kann er seinen Willen in unserem Leben ausführen und „überschwenglich mehr" tun, als wir uns je vorstellen können.

Fasten reinigt uns geistlich. Lee Bueno, Buchautor mit viel Kenntnis im Fasten, schreibt: „Fasten verbrennt unsere Ichsucht. Beim Fasten unterwerfen wir uns willig der Selbstverleugnung und geben damit eines der größten Vergnügen im Leben auf. Fasten ist der Schmelztiegel, in dem wir gereinigt werden. Seine Glut reinigt unseren Glauben; seine Flamme entfernt die Schlacken aus unserem wahren Charakter in Christus; seine Hitze reinigt unser Herz." [3]

Fasten erhöht unsere geistige Wahrnehmung, indem es unseren Verstand und unsere Gefühle stillwerden läßt.

Pastor Dr. Julio C. Ruibal, ein Ernährungswissenschaftler und Spezialist für Fasten und Beten, sagt, daß unser Gehirn durch viele unserer Lebensgewohnheiten beeinflußt wird. „Fasten hilft, unsere geistliche Wahrnehmung zu schärfen. Gott spricht nicht lauter, wenn wir fasten, aber wir hören ihn besser." [4]

Fasten führt zur Hingabe, zu einem heiligen Zerbrochensein - die Folgen sind innere Ruhe und Selbstbeherrschung. Es verleiht Entschlossenheit, Gottes geoffenbartem Plan für das eigene Leben zu folgen.

Andrew Murray schreibt: „Fasten trägt dazu bei, den Entschluß auszudrücken, zu vertiefen und zu bestätigen, daß wir bereit sind, alles zu opfern, (sogar) uns selbst, um das zu erlangen, was wir für das Reich Gottes suchen." [5]

Wenn wir gefastet haben, sagt Lee Bueno, „werden wir zu maßvollen Christen, deren Stärke Selbstbeherrschung ist. Die Schlacken und die Asche unserer begehrlichen Sehnsüchte werden ausgeschieden ... Fasten bringt ein Kunstwerk hervor - den maßvollen, selbstlosen Christen - das durch keinen anderen Reinigungsprozeß geschaffen werden kann." [6]

Fasten fordert Opfer

In einem Hirtenbrief der Kirche von England aus dem Jahr 1562 heißt es, daß das Ziel des Fastens darin besteht, „das Fleisch zu züchtigen, damit es nicht von den Begierden beherrscht wird, sondern zahm und dem Geist unterworfen wird."

William Bramwell, einer von Wesleys Predigern, schrieb 1809, daß der Grund, warum viele nicht in der Kraft ihrer Erlösung leben, der sei, daß es „zuviel Schlaf, zuviel Essen und Trinken, zu wenig Fasten und Selbstverleugnung, zuviel Aufgehen in der Welt ... und zu wenig Selbstprüfung und Gebet gibt."

Lee Bueno schreibt: „Demut und Selbstverleugnung sind zwei Seiten einer Münze ..." Der größte Ruf Jesu an uns, uns selbst zu verleugnen, war, als er sagte:

„Wer mir nachfolgen will, darf nicht mehr an sich selber denken, sondern muß sein Kreuz willig auf sich nehmen und mir nachfolgen." (Matthäus 16,24)

Wenn wir vor Gott fasten, geben wir Antwort auf seinen Ruf, uns um des Kreuzes willen zu verleugnen. [7] Auch der Apostel Paulus, der nach seinen eigenen Worten oft gefastet hat (2. Korinther 11,27), sagte: *„Ich setze mich für diesen Sieg ganz ein und nehme keine Rücksicht auf meinen Körper." (1. Korinther 9,27)* Durch dieses Opfer schenkt der Heilige Geist das Feuer, das die Seele reinigt.

Fasten bedeutet Kampf gegen das Fleisch

Aber trotz aller geistlichen Vorteile ist Fasten nicht gerade die leichteste geistliche Disziplin. Für die, die es nicht gewohnt sind, kann es ein Kampf sein, ohne Nahrung auskommen zu müssen - eine Zerreißprobe zwischen dem Geist eines Menschen und seinem Fleisch.

Der Bibelgelehrte Adam Clarke, der John Wesley kannte und für ihn bei Versammlungen predigte, definiert in seinem Kommentar zum Neuen Testament aus dem Jahr 1825 „Fleisch" als die alte fleischliche Natur, jenen Hang in jedem Menschen, von den „bösen Neigungen" der Seele angezogen zu werden. [8]

Das Fleisch gibt nicht so schnell auf. Viele haben einen Kampf in ihrer Seele bemerkt, als sie fasten wollten, besonders in den ersten Tagen ohne Nahrung. Paulus beschreibt diesen Kampf in Galater 5,17:

„Denn, selbsüchtig wie wir sind, wollen wir immer das Gegenteil von dem, was Gott will. Doch der Geist Gottes duldet unseren Egoismus nicht. Beide kämpfen gegeneinander, so daß ihr nicht unbehindert tun könnt, was ihr wollt."

Er sagt, daß das Fleisch gegen den Heiligen Geist Krieg führt, und umgekehrt.

„Er selbst bewirkt ja beides in euch: den guten Willen und die Kraft, ihn auch auszuführen." (Philipper 2,13)

Die geistigen und seelischen Kämpfe, die beim Fasten auftreten können, sind manchmal beunruhigend. Die Erfahrenen im Fasten bezeichnen dies als ein sicheres Zeichen, daß es notwendig ist, sich der Nahrung zu enthalten und Gott nahezukommen. Es bedeutet, daß der natürliche Mensch mit seinen Begierden und seinem Willen versucht, die Vorherrschaft über den geistlichen Menschen und über das innere Wirken des Heiligen Geistes zu gewinnen.

Rees Howells, einer der größten Fürbitter von Wales, kämpfte mit dem Fasten, als der Heilige Geist ihn zu Beginn seines Dienstes dazu aufrief. In seiner Biographie zitiert der Autor Norman Grubb ihn so:

„Meine innere Erregung war der Beweis dafür, daß es mich innerlich gepackt hatte. Wenn es keine Macht auf mich ausüben würde, warum sollte ich streiten?" [9]

Martin Luther, der als „unverbesserlicher" Fastender bekannt ist, sagt, daß „sein Fleisch immer entsetzlich murre", wenn er sich aus geistlichen Gründen der Nahrung enthalte. [10]

Arthur Walles schreibt, daß die Nahrung einen Menschen in unterschiedlicher Weise beherrschen könne: „Da gibt es einmal die, die gar nicht merken, daß sie an das Essen gebunden sind und daß es ihnen an geistlicher Kraft mangelt. Sie halten die Begierde, die sie versklavt, für einen natürlichen und gesunden Appetit. Andere merken, daß sie Sklaven ihres Magens sind, machen sich aber keine Sorgen darum. Die Tatsache, daß Selbstbeherrschung in diesem Bereich zum christlichen Lebenswandel gehört, ist offensichtlich noch nicht in ihr Bewußtsein eingedrungen. 'Ich kann allem widerstehen außer der Versuchung', sagen sie." [11]

Geistliche Kraft durch Fasten

Die Frühe Kirche erkannte, daß Fasten ein Mittel ist, um geistliche Kraft zu bekommen. Aber über die Jahre, so Wallis, „als das geistliche Leben zurückgegangen und Weltlichkeit in den Kirchen zum Blühen gekommen ist, haben sich die Kraft und die Gaben des Heiligen Geistes zurückgezogen." [12]

Der gleiche geistliche Verfall kann sich im Leben des Gläubigen von heute ereignen - wie es häufig auch der Fall ist. Aber Gottes Wort sagt, daß Fasten und Beten wirkungsvolle Mittel sind, um das Feuer Gottes im Leben eines Menschen wieder neu zu entfachen.

Dieses Feuer erzeugt die Frucht des Geistes - Liebe, Freude, Friede, Geduld, Freundlichkeit, Gütigkeit, Treue, Sanftmut, Selbstbeherrschung - aber vor allem auch die Frucht der Gerechtigkeit und der geistlichen Kraft über die Lüste des Fleisches und die Lügen des Feindes.

Der Buchautor und Lehrer Derek Prince sagt, daß Fasten „eine erstaunlich wirksame Lektion sei, wenn es darum ginge zu entscheiden, wer der Herr und wer der Knecht sei. Bedenken Sie, daß

Ihr Körper ein wunderbarer Diener, aber ein schrecklicher Herr ist." [13]

Und nach Galater 5,17 strebt das Fleisch oder die sündige Natur immer danach, die Führung zu übernehmen.

Weil Fasten und Beten uns mit Leib, Seele und Geist unserem Herrn Jesus Christus unterstellt, erzeugt es auch ein verstärktes Wissen um die Gegenwart des Heiligen Geistes; es schenkt reine Freude und neue Entschlossenheit, Gott zu dienen. Kurz gesagt, es schenkt uns persönliche Erweckung. Unsere geistliche Kraft liegt nicht in Geld, Begabung, Plänen für Gott oder hingebungsvoller Arbeit. Kraft für den geistlichen Kampf bekommen wir vielmehr vom Heiligen Geist, wenn wir in hingegebenem Beten und Fasten Gottes Angesicht suchen.

1954 durchbrach Roger Bannister mit seinem Lauf den Weltrekord von vier Minuten für eine Meile. Soweit es mir bekannt ist, wurde dieser Rekord in der Geschichte nie zuvor gebrochen, aber Bannister glaubte, daß dies möglich sei. Er entwickelte vor seinem geistigen Auge ein Bild, wie er diesen Rekord brechen würde, und dann tat er es. Seit 1954 haben einige hundert Sportler es ihm gleichgetan, einfach weil Roger Bannister bewiesen hat, daß es möglich ist.

Wenn ein Mensch, der nur über menschliche Kräfte verfügt, solch bemerkenswerte Leistungen vollbringen kann, wieviel mehr können dann Sie und ich vollbringen, wenn wir unser Vertrauen auf den allmächtigen Gott setzen und durch Fasten und Beten aus seinen unbegrenzten Kraftquellen schöpfen?

7. Kapitel

DIE KRAFT DES FASTENS
UND BETENS

önnen Sie sich vorstellen, was passieren würde, wenn in Ihrer Gemeinde auch nur die Hälfte der Mitglieder fasten und beten würde - und das aus reinem Herzen und lauteren Motiven? Es würde ein neues Pfingsten geben, ein Wunder der Gnade Gottes!

Die Kirche hat sich seit Pfingsten aus einer Handvoll Jünger Jesu zu Millionen von Christen entwickelt. Obwohl Fasten und Beten in der Apostelgeschichte nur zweimal erwähnt werden, war diese Praxis in der Frühen Kirche offensichtlich allgemein bekannt. Einmal, als Barnabas, Simeon, Luzius, Manaen und Saulus (später bekannt als Paulus) „dem Herrn dienten und fasteten", sprach der Heilige Geist zu ihnen: *„Gebt Barnabas und Saulus für die Aufgabe frei, zu der ich sie berufen habe!" (Apostelgeschichte 13,1-2)* Die Berufung dieser Apostel war ein bedeutender Meilenstein auf dem Weg zur Verbreitung des Evangeliums. Später berichtet Lukas, daß Paulus und Barnabas in verschiedenen Städten Gemeinden gründeten und nach einer Zeit des Fastens und Betens Älteste einsetzten, um die Gemeinde zu leiten (Apostelgeschichte 14,21-23).

Heute, während ich dies schreibe, sehen wir das Wirken Gottes am deutlichsten in Korea. Das dynamische, beinahe dramatische Wachstum der Gemeinde von drei Millionen 1974 auf 11 Millionen 1990 kann weitgehend auf Fasten und Beten zurückgeführt werden.

Was könnte nicht alles geschehen, wenn Ihre Gemeinde sich auf ein Ziel hin vereinigen würde! Wenn sie von ihren Wunden geheilt und für Gott entflammt würde, weil eine Gruppe hingege- bener Mitglieder sich in einem Geist in Demut und Ernsthaftigkeit versammeln würde, um vor Gott zu fasten und zu beten!

Richard Foster, Professor an der Azusa Pacific University, schreibt in seinem Buch „Nachfolge feiern" folgendes: „Fasten in der Grup- pe kann eine wundervolle und mächtige Erfahrung sein, sofern die Menschen vorbereitet und sich in diesen Dingen einig sind. Durch das Fasten und Beten einer Gruppe können ernste Probleme in Gemeinden und Gruppen gelöst und Beziehungen geheilt wer- den." [1]

Das Schicksal der Völker verändern

Fasten und Beten kann nicht nur den einzelnen oder eine Ge- meinde verändern, sondern auch das Schicksal eines Volkes.

Als Jona der Stadt Ninive Gottes drohendes Gericht verkündigte, rief der König ein Fasten aus und befahl: *„Ein jeder bekehre sich von seinem bösen Wege und vom Frevel seiner Hände."* *(Jona 3,8)* Sofort fing das Volk an, über seine Sünden Buße zu tun, und ihr Fasten und ihre Buße gefielen Gott in seiner Gnade wohl.

Der Verfasser des Buches Jona berichtet: *„Als aber Gott ihr Tun sah, wie sie sich bekehrten von ihrem bösen Wege, reute ihn das Übel, das er ihnen angekündigt hatte, und er tat's nicht."* *(Jona 3,10)*

Gott befreite sein Volk Israel mit mächtiger Hand aus der persi- schen Gefangenschaft. Ein böser Mann namens Haman hatte gro- ße politische Macht erlangt und den König überredet, alle Juden zu vernichten. Seine Frau, die Königin Ester, war Jüdin, was der König jedoch nicht wußte. „Sie wurde für alle nachfolgenden Ge- nerationen ein Vorbild darin, wie man durch die Kraft des Fastens und Betens Geschichte verändern kann." [2] Ein Teil des Berichtes, wie sie den Juden half, findet sich in Ester 4,15-17:

Ester ließ Mordechai (einem Juden, der die Königin anflehte, ihr Volk zu retten) antworten: „So geh hin und versammle alle Juden, die in Susa sind, und fastet für mich, daß ihr nicht eßt und trinkt drei Tage lang, weder Tag noch Nacht. Auch ich und meine Dienerinnen wollen so fasten. Und dann will ich zum König hineingehen entgegen dem Gesetz. Komme ich um, so komme ich um."

Nach königlichem Gebot durfte sie nicht zum König hineingehen, wenn sie nicht ausdrücklich gerufen wurde. Ester wußte, daß es für sie den Tod bedeuten könne, wenn sie dieses Gebot brechen würde, es sei denn, der König würde ihr bei ihrem Eintreten in den Thronsaal das goldene Zepter entgegenstrecken.

Nach drei Tagen des Fastens und Betens ging Ester zum König. Zu ihrer Erleichterung streckte er ihr das goldene Zepter entgegen. Ja, er war sogar so erfreut, sie zu sehen, daß er ihr bei dem Mahl, das sie hatte zubereiten lassen, einen Wunsch bis zur Hälfte seines Königreiches freigab. Stattdessen bat Ester um das Leben der Juden. Zu guter Letzt wurde der böse Haman hingerichtet und das Volk Israel vor der Vernichtung bewahrt.

Die Macht des Fastens und Betens erkennen wir auch zur Zeit des Königs Joschafat. Die Geschichte findet sich in 2. Chronik 20:

Und man kam und sagte zu Joschafat: „Es kommt gegen dich eine große Menge von jenseits des Salzmeeres, von Edom." Joschafat aber fürchtete sich und richtete sein Angesicht darauf, den Herrn zu suchen; und er ließ in ganz Juda ein Fasten ausrufen. Und Juda kam zusammen, den Herrn zu suchen; auch aus allen Städten Judas kamen sie, den Herrn zu suchen. (2. Chronik 20,2-4)

Dann trat Joschafat unter die Gemeinde im Tempel und betete zu Gott: *„In uns ist keine Kraft gegen dies große Heer, das gegen* *uns kommt. Wir wissen nicht, was wir tun sollen, sondern unsere Augen sehen nach dir." (Vers 12)*

Der Heilige Geist antwortete durch den Propheten Jahasiel: *So spricht der Herr zu euch: „Ihr sollt euch nicht fürchten und nicht verzagen vor diesem großen Heer; denn nicht ihr kämpft, sondern Gott. Morgen zieht ihnen entgegen! Der Herr ist mit euch." (Verse 15 und 17)*

Als der Heilige Geist sprach, beugte sich Joschafat mit seinem Antlitz zur Erde, und ganz Juda und die Einwohner von Jerusalem fielen vor dem Herrn nieder und beteten den Herrn an. Dann begannen viele, den Herrn, den Gott Israels, zu loben mit laut schallender Stimme. (Verse 18-19)

Am nächsten Tag zog die hebräische Armee in den Krieg, ohne zu wissen, was sie erwartete. Dabei marschierten die Sänger an der Spitze (!) und priesen den Herrn. Und wie sie so in den Kampf marschierten, stiftete der Herr Verwirrung im Lager der Feinde, sodaß sie sich gegenseitig angriffen und töteten.

Der Verfasser der Chronik berichtet: *„Als aber Juda an den Ort kam, wo man in die Wüste sehen kann und sie sich gegen das Heer wenden wollten, siehe, da lagen nur Leichname auf der Erde; keiner war entronnen." (Vers 24)* Judas Demut, die sich in Fasten, Beten und Loben ausdrückte, hatte Gott bewegt, sein Volk vor einer sicheren Niederlage zu erretten.

Wenn wir in der Bibel nachschlagen, finden wir weitere Beispiele, wie Fasten oft den Lauf der Dinge verändert hat. Mose fastete zweimal 40 Tage (5. Mose 9,9.18), bis sein Angesicht von der Herrlichkeit Gottes glänzte. Zur Zeit der Richter (Richter 20,26) und zur Zeit Samuels (1. Samuel 7,6) fastete ganz Israel. David fastete, als er zum König gemacht wurde, als sein Kind krank war, als seine Feinde krank waren (Psalm 35,13) und wegen der Sünden seines Volkes (Psalm 69,9-10). Elia, Esra, Nehemia, Ester und Daniel - sie alle fasteten in Zeiten der Not.

Auch in der neueren Geschichte finden wir Beispiele, wie Fasten und Beten das Schicksal eines Volkes verändert haben. 1756 rief der König von England einen Gebets- und Fastentag aus, weil die Franzosen mit einer Invasion gedroht hatten.

Über diesen Tag schreibt John Wesley folgendes in sein Tagebuch: „Der Fastentag war ein so herrlicher Tag, wie London seit der Restauration kaum einen gesehen hat. Jede Kirche in der Stadt war überfüllt, und jedes Gesicht war von feierlichem Ernst gezeichnet. Ganz gewiß hört Gott Gebet, und die Zeit des Friedens wird noch andauern." Später fügt er noch eine Anmerkung hinzu: „Demut verwandelte sich beim ganzen Volk in Freude darüber, daß die drohende Invasion durch die Franzosen verhindert worden war." [3]

Im Jahr 1662 drohte König Karl der Zweite von England den Kolonien, ihnen ihre Unabhängigkeit zu nehmen, wenn sie sich weigern sollten, ihre Pfarrstellen mit episkopalen Geistlichen zu besetzen oder sich nach deren Vorschriften zu richten. Als die Kolonien sich einstimmig dafür entschieden, dieser Forderung nicht Folge zu leisten, wurde der König wütend und schwor, den als Bluthund bekannten Oberst Percy Kirk mit vielen Truppen zu senden, um den Widerstand zu brechen.

Als Increase Mather, ein führender Minister, die Nachricht hörte, schloß er sich in seinem Zimmer ein und verbrachte den Tag auf den Knien, um für die schwierige Lage der Kolonien zu beten. Schließlich wich Mathers Bedrückung, und ein Gefühl von Frieden und Freude überkam ihn.

Zwei Monate später kam die Nachricht, daß König Karl der Zweite an einem Schlaganfall gestorben war. Sein Bruder, James der Zweite, war inzwischen König geworden, und Percy Kirk würde nicht kommen. Karl der Zweite war genau an dem Tag gestorben, den Mather in Gebet und Fasten verbracht hatte. [4]

Im Mai 1940 überrannten deutsche Truppen Holland, griffen Belgien an und trieben dabei die französischen, englischen und belgischen Streitkräfte vor sich her. Die Deutschen verfolgten ihre Gegner mit einem Luft-, Panzer- und Infanterie-Blitzkrieg, wobei sie fast 400 000 Mann der alliierten Streitkräfte bei Dünkirchen einkesselten.

Voller Verzweiflung riefen die Engländer und die Franzosen einen nationalen Gebetstag für die hoffnungslos umzingelten Truppen aus. Am 26. Mai leitete der Erzbischof von Canterbury von Westminster Abbey aus das Gebet. Der BBC-Sender strahlte den Gottesdienst in das ganze Land aus. Überall öffneten Kirchen und Synagogen ihre Tore zum Gebet. Entsetzt über die Lage ihrer Soldaten, legten die Engländer alles nieder, um zu beten.

Als Ergebnis verwandelte sich die fast sichere Katastrophe in das „Wunder von Dünkirchen": Aus unerklärlichen Gründen stoppte Hitler für drei Tage den Vormarsch seiner gefürchteten Panzerdivisionen. Das Wasser des Kanals blieb ruhig, während England die Truppen evakuieren konnte. Trotz schwerer Luftangriffe retteten 848 Schiffe der Alliierten in neun Tagen etwa 340 000 Soldaten. Alles, was schwimmen konnte - Schlepper, Jachten, Ausflugsdampfer und Kriegsschiffe der Marine - fuhr über den Kanal, um die befreiten Soldaten nach England zurückzubringen.

Auf Grund meiner Kenntnis von Gebetserhörungen kann ich mit Sicherheit sagen, daß die wichtigste Rolle, um die Evakuierung durchzuführen, die war, daß sich die Menschen Englands und Frankreichs unter Fasten und Beten vor Gott demütigten und ihn um Hilfe baten.

Im Juni 1994 versammelten sich über eine Million Christen aus ganz Südkorea in sieben Städten, um für die Durchdringung ihres Landes mit dem Evangelium, die Erfüllung des Missionsbefehls und die Vereinigung von Nord- und Südkorea zu beten.

Ich war gebeten worden, auf dem Yoida-Platz in Seoul zu sprechen, wo sich über 50 000 Menschen für ein vierstündiges Treffen mit Lobpreis, Fasten und Fürbitte versammelt hatten. Dies war das eindrücklichste Gebetstreffen, an dem ich je teilgenommen habe. Viele Christen, die an den Gebetstreffen in den Städten teilnahmen, fasteten viele Tage vor und nach diesem Ereignis. Die Versammlung auf dem Yoida-Platz erinnerte mich an frühere Zeiten: 1974 und 1980 hatte ich dort gesprochen, und mehrere Tage lang hatten sich jeden Abend zwei bis drei Millionen Menschen versammelt.

Kurz nach dem Treffen starb der Präsident von Nordkorea ganz unerwartet. Viele glauben, daß sein Tod ein wichtiger Schritt zur Vereinigung der beiden Länder und ein direktes Ergebnis ihres Fastens und Betens war.

Warnung vor dem Gericht

Die Fluten der Gottlosigkeit und der Gesetzlosigkeit steigen in unserem Volk rasch an. Die Sünden, die damals zur Sintflut und zur Zerstörung von Sodom und Gomorra geführt haben, sind in unserer Zeit als gesellschaftsfähig anerkannt. Wie wir in einem früheren Kapitel schon gesehen haben ist Amerika eindeutig reif für das Gericht.

Aber Gott schickt niemals ein Gericht ohne vorherige Warnung. Dafür gibt es in seinem Wort viele Beispiele: Adam und Eva, die Zeitgenossen Noahs, Lot, der den Untergang Sodoms und Gomorras erlebte, die Einwohner von Ninive, das Volk Israel. Aber warum sollte Gott die warnen, die er vernichten will? Der Apostel Petrus erklärt:

„Wenn manche also behaupten, Gott würde seine Zusage nicht einhalten, dann stimmt das einfach nicht. Gott kann sein Versprechen jederzeit einlösen. Aber er hat Geduld mit euch und will nicht, daß auch nur einer von euch verloren geht. Jeder soll Gelegenheit haben, vom falschen Weg umzukehren."

(2. Petrus 3,9)

Gottes Gerichte in der Vergangenheit sind Zeichen für uns heute. Derek Prince schreibt: „Gottes Gericht über Israel ist eine Warnung für die westlichen Völker, die eine lange christliche Tradition, reiche Bibelkenntnis und die verfaßte Kirche haben. Könnte es sein, daß Gott bereits gesprochen hat, wir aber taub waren wie das Volk Israel?" [5]

Gott ist gnädig. Er wird das Gericht von uns abwenden, wenn unser Volk von seinen bösen Wegen umkehrt. In seinem Buch „Fasten - was sagt die Bibel dazu?" schreibt Arthur Wallis:

Gott handelt mit den Menschen nach festen Gesetzen. Sünde wird mit Gericht bestraft, aber Umkehr mit Gnade. Gott hat sich selbst an diesem Punkt ganz eindeutig erklärt:

„Bald rede ich über ein Volk und Königreich, daß ich es ausreißen, einreißen und zerstören will; wenn es sich aber bekehrt von seiner Bosheit, gegen die ich rede, so reut mich auch das Unheil, das ich ihm gedachte zu tun." (Jeremia 18,7-8) [6]

Aber selbst wenn der Himmel den Erlaß bereits herausgegeben hat und die Räder sich in Bewegung gesetzt haben, gibt es immer noch eine mächtige Waffe, auf die wir zurückgreifen können. [7]

Es braucht eine übernatürliche Kraft, um die Fluten des Gerichtes, die unser Land verwüsten, aufzuhalten. Ich glaube, daß keine andere Macht der übernatürlichen Kraft gleichkommt, die freigesetzt wird, wenn wir fasten und beten. Wir wissen aus Hebräer 11,6 und aus der persönlichen Erfahrung, daß Gott die belohnt, die ihn von ganzem Herzen suchen.

8. Kapitel
„WARUM SOLLTE ICH FASTEN?"

Antworten auf häufige Einwände

Für die meisten Christen bedeutet Fasten, in der Fastenzeit vor Ostern keine Schokolade oder Bonbons zu essen. Oder vielleicht, im Rahmen einer Diät auf Fettes oder Süßes zu verzichten. Bei dem Gedanken, gar nichts zu essen, läuft es manchem schon kalt über den Rücken. Weil Gebet mit Fasten in unseren heutigen Gemeinden keine gängige Praxis ist, schrecken Christen leicht davor zurück.

„Ich soll fasten?"

„Überhaupt nichts essen?"

„Soll ich etwa verhungern?"

„Wozu soll denn das gut sein?"

Und diejenigen, die sich wenigstens mit dem Gedanken befassen, für Gott zu fasten, wollen befriedigende Antworten auf Fragen wie:

„Wird Fasten mir nicht schaden?"

„Muß ich zuerst meinen Arzt fragen?"

„Wird Gott mir immer geben, was ich will, wenn ich außer Beten auch noch faste?"

Lassen Sie mich auf einige der häufigsten Einwände und Fragen eingehen, die Menschen im Zusammenhang mit geistlichem Fasten haben.

„Wenn ich fasten soll, warum ist dann in der Gemeinde nie die Rede davon?"

Die Frühe Kirche folgte den Fußspuren Jesu und der Apostel und fastete und betete. Aber allmählich geriet Fasten als Übung in Mißkredit. Die Gläubigen betrachteten es als strenge, asketische Praxis, die sich besser für Mönche im Kloster eignete.

Das Fasten ist immer noch unbeliebt - außer bei denen, die seinen besonderen Nutzen kennen. Der Bibelkommentator Matthew Henry schreibt: „Fasten ist eine löbliche Praxis, und wir haben allen Grund, darüber zu klagen, ... daß die Christen es so vernachlässigen." (1)

In unserer heutigen Zeit denken die meisten Christen gar nicht an Fasten und Beten. Der Bibellehrer Derek Prince sagt: „Fasten ist ein verlorener Schlüssel ... eine Gnade, die wir überall in der Bibel finden. Dennoch hat die christliche Kirche es beiseite gestellt und ihm einen falschen Platz gegeben." (2)

Richard Foster faßt das Problem so zusammen: „In einer Kultur, in der überall Imbißstuben und Schnellrestaurants die Landschaft zieren, scheint Fasten nicht mehr unserer Zeit zu entsprechen. In der Tat hat Fasten seit Jahren in der Kirche und außerhalb einen schlechten Ruf. So konnte ich bei meinen Forschungen nicht ein einziges Buch über christliches Fasten aus den Jahren 1861 bis 1954 finden, einem Zeitraum von fast hundert Jahren. In jüngerer Zeit hat sich ein erneutes Interesse am Fasten entwickelt, aber der Weg ist noch weit, bis wir wieder ein biblisches Gleichgewicht gefunden haben." (3)

 „Sagt die Bibel wirklich, daß wir fasten sollen?"

Fasten wird in der Heiligen Schrift häufig erwähnt. Oft steht es in Verbindung mit Weinen und anderen Äußerungen, durch die

Menschen sich vor Gott demütigten. [4] In Joel 2,12-13 befiehlt Gott:

„Bekehrt euch zu mir von ganzem Herzen mit Fasten, mit Weinen, mit Klagen! Zerreißet eure Herzen und nicht eure Kleider und bekehret euch zu dem Herrn, eurem Gott!"

Gott ruft sein Volk auf, am großen Versöhnungstag zur Reinigung seiner Sünden zu fasten, was praktizierende Juden als Yom-Kippur-Tag feiern:

„Auch soll euch dies eine ewige Ordnung sein: Am zehnten Tage des siebenten Monats sollt ihr fasten und keine Arbeit tun, weder ein Einheimischer noch ein Fremdling unter euch. Denn an diesem Tage geschieht eure Entsühnung, daß ihr gereinigt werdet; von allen euren Sünden werdet ihr gereinigt vor dem Herrn." (3. Mose 16,29-30)

Derek Prince schreibt dazu: „Aus der Geschichte wissen wir, daß die Juden 3000 Jahre lang immer Yom Kippur ... als einen Tag des Fastens begangen haben. Auch das Neue Testament bezeugt dies. In einer Stelle der Apostelgeschichte, in der über die Schiffsreise des Paulus nach Rom berichtet wird, heißt es:

Da nun viel Zeit vergangen war und die Schiffahrt bereits gefährlich wurde, weil auch die Fastenzeit schon vorüber war ... (Apostelgeschichte 27,9; Luther 1984)

Die Fastenzeit, die hier erwähnt wird, ist der große Versöhnungstag, der immer auf Ende September oder Anfang Oktober fiel, wenn der Winter begann ... Gott verlangte von seinem Volk, daß es sich in gemeinschaftlichem Fasten vor ihm demütigte. Dies war die Anordnung für den großen Versöhnungstag, den heiligsten Tag im jüdischen Kalender.

Zwei Dinge muß man hier beachten: Erstens war das Fasten die Antwort des Menschen auf Gottes Angebot der Vergebung und Reinigung. Gott gab den Kultus, in dem der Hohepriester in das Allerheiligste des Tempels ging und Versöhnung schaffte. Zweitens war die Versöhnung nur wirksam für die Menschen, die sie durch das Fasten annahmen." [5]

Im Neuen Testament finden wir eine ähnliche Situation, was die Abkehr von der Sünde betrifft:

„Wascht die Schuld von euren Händen, ihr Sünder, und laßt Gott allein in euren Herzen wohnen, ihr Unentschiedenen! Seht doch endlich ein, wie groß eure Schuld ist; erschreckt und trauert darüber! Dann werdet ihr nicht mehr lachen, sondern weinen; und aus eurer Freude wird Leid. Erkennt eure Unwürdigkeit, und beugt euch vor dem Herrn! Erst dann wird Gott euch helfen und aufrichten." (Jakobus 4,8-10)

Im Alten Testament war Fasten der Weg, wie die Menschen sich einzeln und gemeinsam demütigten (vgl. Psalm 35,13; 69,10; Jesaja 58,5; Joel 2,12-17). Gottes Volk hat immer gefastet, um sich zu demütigen, um durch echte Buße Reinigung von seinen Sünden zu erlangen, und für geistliche Erneuerung und besondere Hilfe. Über den Aufruf von Esra (Esra 8,21) schreibt Edith Schaeffer in ihrem Buch „The Life of Prayer" (Das Gebetsleben) folgendes:

„Dieses ernsthafte Fasten und Beten, daß man sich in Buße und dem Bewußtsein seiner Gnade demütig vor Gott beugte, fand im Kontext (der Bitten) für ganz praktische Nöte statt - um Schutz und Führung, um Hilfe in Entscheidungen und die Versorgung mit materiellen Dingen." [6]

Im Neuen Testament berichtet Lukas von der Prophetin Hanna, die im Alter von über 80 Jahren „den Tempel nur noch selten verließ. Um Gott zu dienen, betete und fastete sie Tag und Nacht." (Lukas 2,36-37) Jesus gab uns ein Beispiel, als er nach seiner

Taufe 40 Tage fastete. Für Jesus war es eine Frage, *wann* die Gläubigen fasten sollten, nicht *ob*. Er sagte:

„Wenn du aber jemandem hilfst ... Wenn du beten willst ... Wenn du fastest ..." *(Matthäus 6,3.6.17)*
Weiter sagte er: „Sollen die Hochzeitsgäste denn traurig sein, solange der Bräutigam noch bei ihnen ist? ... Die Zeit kommt früh genug, daß ich nicht mehr bei meinen Jüngern bin. Dann werden sie fasten." *(Matthäus 9,15)*

Jesus ist der Bräutigam. Die Gäste des Bräutigams sind seine Nachfolger, also alle Christen. „Daß ich nicht mehr bei meinen Jüngern bin" bezieht sich auf den Tod, die Auferstehung und Himmelfahrt Jesu Christi. Fasten, sagt Jesus, ist eine der Übungen im christlichen Leben, wenn wir sein Reich weiter bauen helfen.

„Es war nicht Christi Absicht, das Fasten zu verwerfen oder zu verachten", schreibt Martin Luther. „Es war seine Absicht, das richtige Fasten wiederherzustellen." [7]

Propheten und Lehrer in Antiochien fasteten (Apostelgeschichte 13,2), und Paulus, der große Teile des Neuen Testamentes verfaßt hat, sagte, daß er „oft fastete" (2. Korinther 11,27)

Die Frage für einen Gläubigen heißt also nicht: „Sollte ich fasten?" Sie lautet vielmehr: „Werde ich fasten?"

 „Aber ist Fasten denn ein Gebot? Wo macht Gott klar, daß er will, daß wir heute fasten?"

Dies ist ein kontroverses Thema, und Theologen, die an das Fasten glauben, sind unterschiedlicher Meinung. „Fasten", so behauptet Thomas Cartwright, „ist ein Sich-Enthalten, das Gott befohlen hat, um unsere Umkehr feierlich zum Ausdruck zu bringen." John Brown andererseits glaubt nicht, daß Christus das Fasten befohlen habe, „aber daß er davon ausging, daß die Kinder des Reiches Gottes es tun würden." [8]

Nachdem er die Gesetze des Alten Bundes und die Lehren des Neuen Testamentes untersucht hat, kommt David R. Smith zu dem Schluß: „Im Alten Testament wurde den Juden befohlen, in einer vorgeschriebenen Weise zu fasten; aber es gibt kein vergleichbares Gebot an uns Christen." [9]

Aber er fügt hinzu: „Das frühe Gesetz war nur ein Typus dessen, was in die Herzen der Gläubigen geschrieben werden sollte, nachdem sie die neue Geburt erfahren hatten ... Obwohl Fasten im Neuen Testament nicht befohlen wird, ist es eine Pflicht, die Christen erfüllen." [10]

Andere bedeutsame Quellen stimmen mit dieser Position überein. Nicht eine einzige argumentiert gegen geistliches Fasten heute. Vielmehr ermutigen sie dazu und beschreiben es als eine Gnade, die Gott zur Erneuerung des einzelnen und seiner Kirche geschenkt hat.

 **„Wird Fasten nicht auch von heidnischen Religionen ausgeübt?"**

Fasten ist nicht ausschließlich christlich. Es gibt diese Übung in allen großen Weltreligionen. Zoroaster, Konfuzius, die indischen Gurus, Plato, Sokrates, Aristoteles, und selbst Hippokrates, der Vater der modernen Medizin - sie alle glaubten daran. Aber Christen sind die einzigen, die für Gott, den Vater unseres Herrn Jesus Christus, fasten. Sie allein können den ganzen Segen, den Gott auf geistliches Fasten legt, erfahren.

 „Ich verspüre keine Notwendigkeit zu fasten!"

Dies mag eine ehrliche Aussage sein, aber viele Gläubige, die das sagen, äußern gleichzeitig, daß sie geistliche Führung und Kraft für ihr Leben brauchen. Indem sie Fasten und Beten vernachlässigen, blockieren sie ein dynamisches Mittel, durch das der Heilige

Geist die Veränderungen bringen kann, die sie sich so ernstlich wünschen.

Wie man sich fühlt, hat wenig damit zu tun, daß man Fasten und Beten braucht. Wenn man erst einmal gefastet hat, wird man den gewaltigen geistlichen Unterschied zwischen vorher und nachher deutlich verspüren. Und wenn man im Glauben wächst, wird man auch die Notwendigkeit verspüren zu fasten.

 „Ich habe einfach keine Zeit dafür!"

Zeit ist ein Geschenk Gottes. Jede Sekunde, jede Minute, jede Stunde und jeder Tag unseres Lebens gehören ihm. Jeder von uns hat genügend Zeit dafür, das zu tun, was ihm wichtig erscheint.

Ich möchte Sie dazu ermutigen, einmal all ihre Tätigkeiten auszuwerten. Vielleicht werden Sie überrascht sein, wieviel Zeit Sie in Wirklichkeit haben. Wieviel Zeit verschwenden Sie für selbstsüchtige Dinge? Vergeuden Sie viele Stunden vor dem Fernsehapparat oder mit Büchern und Zeitschriften, die nicht auferbauend sind und keinen geistlichen Nutzen haben? Gebrauchen Sie Ihre Zeit über die Maßen nur für sich und Ihr persönliches Vergnügen? Wieviel von dieser Zeit könnten Sie dem Fasten und Beten widmen?

Prüfen Sie doch einmal im Gebet, ob Sie Gott nicht täglich, wöchentlich und monatlich den Zehnten Ihrer Zeit zum Fasten und Beten geben könnten. Sie werden sich wundern, wieviel mehr Sie in den verbleibenden 90% Ihrer Zeit zustande bringen können! Sie werden in verschiedener Hinsicht gute Ergebnisse erzielen: Gott wird Ihre Wirksamkeit erhöhen. Vielleicht helfen andere Ihnen bei einem zeitraubendem Unternehmen. Ganz bestimmt werden Sie merken, daß Ihre anderen christlichen Dienste mehr Frucht tragen und Sie Ihrer Familie, Ihren Freunden und Nachbarn wirksamer von Ihrem Glauben Zeugnis geben können.

7. „Was bringt das 'Fasten für den Herrn' mir geistlich?"

Charles Spurgeon schreibt: „Die Zeiten unseres Fastens und Betens im Hause Gottes waren wirklich großartige Tage; nie standen die Tore des Himmels weiter offen; nie waren unsere Herzen der Herrlichkeit Gottes näher." [11] Der Apostel Jakobus sagt:

„Wendet euch Gott zu, dann wird er zu euch kommen. ... Erkennt eure Unwürdigkeit, und beugt euch vor dem Herrn! Erst dann wird Gott euch helfen und aufrichten." (Jakobus 4,8.10)

Ein demütiges Herz ist bußfertig, abhängig vom Heiligen Geist, dankbar, vergebend, gehorsam, zeigt Achtung und ist bereit zu dienen. Ich habe - wie viele andere, die ernstlich Gott gesucht haben - die Erfahrung gemacht, daß Gebet und Fasten das innere Wirken des Heiligen Geistes in diesem und in anderen Bereichen verstärken.

Fasten bereitet uns vor für die tiefste und reichste geistliche Gemeinschaft, die es überhaupt gibt. Es reinigt und befreit unseren Geist, damit wir verstehen können, was Gott unserer Seele sagen will. Es versetzt unseren Körper in die Lage, seinen vollkommenen Willen zu entdecken und auszuführen.

Wenn wir trotz des anfänglichen Unbehagens durchhalten, erleben wir ein Ruhigwerden der Seele und ein Stillwerden der Begierden. Infolgedessen verspüren wir die Gegenwart Gottes stärker als zuvor. Wir erkennen die Frucht des Heiligen Geistes ganz real und in einer frischen, neuen Weise.

Weil geistliches Fasten uns hilft, die Seele mit Gott in Einklang zu bringen, befähigt es uns, Gottes Bedingungen für erhörliches Beten zu erfüllen. Die Bibel sagt:

„Kann uns also unser Gewissen nicht mehr verurteilen, meine Lieben, dann dürfen wir voller Freude und Zuversicht zu Gott

kommen. Er wird uns geben, worum wir ihn bitten; denn wir gehorchen seinen Geboten und leben, wie es ihm gefällt." (1. Johannes 3,21-22)

 8. „Antwortet Gott immer auf meine Gebete und gibt mir, was ich erbitte, wenn ich faste?"

Nein. Er wird Ihnen nicht immer das geben, was Sie wollen, nur weil Sie fasten. Wir können mit Gott keinen Tauschhandel abschließen. Er beantwortet nur Gebete, die in Übereinstimmung mit seinem Willen und Ziel für unser Leben sind. Die Bibel gibt uns folgende Verheißung:

„Wir dürfen uns darauf verlassen, daß Gott unser Beten erhört, wenn wir ihn um etwas bitten, was seinem Willen entspricht. Und weil Gott solche Gebete ganz gewiß erhört, dürfen wir auch darauf vertrauen, daß er uns gibt, worum wir ihn bitten." (1. Johannes 5,14-15)

Edith Schaeffer schreibt zu dem Punkt, daß man durch Fasten bekommt, was man erbittet, folgendes: „Ist Fasten jemals ein Bestechungsgeld dafür, daß Gott sich mehr um unsere Bitten kümmert? Nein, absolut nicht. Es ist einfach eine Möglichkeit, wie wir gebührend unsere Anerkennung dafür zum Ausdruck bringen können, daß wir vom ewigen Gott, dem Schöpfer des Universums, Hilfe erbitten dürfen; eine Möglichkeit, wie wir alles andere beiseite legen und uns auf Anbetung, Sündenbekenntnis und Fürbitte konzentrieren können - wobei wir seine Hilfe für wichtiger ansehen als alles, was wir selbst in unserer eigenen Kraft und mit unseren eigenen Gedanken tun könnten." [12]

Wesley L. Duewel führt in seinem Buch „Touch the World Through Prayer" (Berühre die Welt durch Gebet) diese Gedanken weiter, wenn er schreibt:

„Fasten im biblischen Sinn bedeutet, sich der Nahrung zu enthalten, weil unser geistlicher Hunger so groß, unsere Entschlossenheit in der Fürbitte so intensiv oder unser geistlicher Kampf so fordernd ist, daß man vorübergehend sogar die leiblichen Bedürfnisse hintenan stellt, um sich dem Gebet und der Meditation zu widmen." [13]

Gott in seiner Allmacht wacht zu unserem Besten über uns (Römer 8,28); er wirkt in uns, seinen Willen zu tun (Philipper 2,13). Und wir können immer erwarten, daß Gott uns antwortet, wenn wir uns ihm unterwerfen (Jakobus 4,6.8.10) Er wird immer etwas Besonderes für uns tun - innerlich oder äußerlich oder beides - wenn wir uns selbst verleugnen und unsere Liebe, unseren Glauben und Gehorsam völlig auf ihn ausrichten.

 „Faste ich, um selbst gesegnet zu werden, oder zum Nutzen anderer?"

Gebet für uns selbst und Fürbitte für andere gehören beide zu den Gründen, warum wir fasten und beten sollen. Ich möchte Sie ermutigen, Ihre persönlichen Nöte vor Gott zu bringen und für Ihre Familie, Ihre Freunde, Gemeinde, Gesellschaft, Ihr Volk und die Welt zu beten - und für die Erfüllung des Missionsbefehls.

Wahrhaft geistliches Fasten jedoch hat Gott selbst im Blick. Unsere Gebete bringen nur dann Frucht, wenn unser Herz rein und unsere Motive selbstlos sind. Dies kann nur geschehen, wenn Gott und sein heiliges Wort im Mittelpunkt unserer Aufmerksamkeit stehen. Es ist von entscheidender Bedeutung, aus welchen Motiven wir fasten. „Wenn wir nicht für Gott fasten", sagt Richard Foster, „haben wir versagt. Körperliches Wohlbefinden, wirksames Gebet, Ausgerüstetwerden mit Kraft, geistliche Erkenntnise - all diese Dinge dürfen Gott nie aus dem Mittelpunkt unseres Fastens verdrängen." [14]

„Wie bei jener Gruppe von Aposteln in Antiochia", sagt Foster, „müssen 'Fasten' und 'Gott loben' in einem Atemzug genannt werden (Apostelgeschichte 13,2)."

John Wesley sagt: „Als erstes laßt das Fasten so geschehen, daß unser Auge einzig und allein auf ihn gerichtet ist. Unsere Absicht dabei soll die und nur die sein, daß wir unseren Vater im Himmel verherrlichen." [15]

10. „Ich mache mir über das Fasten Gedanken, aber wie kann ich wissen, wann ich es tun soll?"

Einige lehren, daß man immer vom Heiligen Geist dazu geführt oder veranlaßt werden sollte zu fasten. Aber vom Geist „geführt" werden oder den Geist „sagen hören" ist ein sehr subjektiver, persönlicher Bereich des christlichen Lebens. Gläubige „hören" nicht immer gut, besonders wenn es um etwas geht, das sie nicht hören wollen.

Das „Fleisch" wird sicher versuchen, sich über innere Impulse, auf Nahrung zu verzichten, hinwegzusetzen. Vielleicht ruft Gott Sie zu einem Fasten, aber das Fleisch sagt: „Das bildest du dir nur ein. Wie soll Fasten dir in dieser Situation helfen?"

Wenn Sie erst einmal den Zweck und den Nutzen des Fastens kennengelernt haben, sind Sie frei, ein Fasten zu beginnen, wann immer Sie den Wunsch verspüren, auf wirksame Weise Gott näherzukommen, oder die Notwendigkeit sehen, von ihm besondere Hilfe zu erbitten. Wer regelmäßig fastet, weiß instinktiv, wann es dran ist. Er erkennt gewisse geistliche Situationen und Lebensumstände als Signal, mit Gott „ganze Sache" zu machen und sein geistliches Wahrnehmungsvermögen zu schärfen. Ich versuche, nach Philipper 2,13 zu leben, wo es heißt: *„Er selbst bewirkt ja beides in euch: den guten Willen und die Kraft, ihn auch auszuführen."*

Die sanfte Stimme des Heiligen Geistes, die immer in Übereinstimmung mit dem Wort Gottes steht, wird Ihnen sagen, was Sie tun sollen, wenn Sie nur bereit sind, auf sie zu hören.

Der Buchautor R.D. Chatham erzählt von einer Pastorenfrau, die während ihres Fastens Tagebuch führte. Sie berichtete, wie sie und ihr Mann die Pfarrstelle wechselten, und die neue Verantwortung so auf ihnen lastete, daß sie Gottes Hilfe brauchten. Gemeinsam fasteten sie zehn Tage lang. Sie sagte, daß sie, wenn sie nicht gefastet hätte - und von Gott besondere Kraft erhalten hätte - „untergegangen" wäre.

Es gibt aber bestimmte Zeiten, in denen der Heilige Geist einen zu einem Fasten ruft. An anderer Stelle schrieb diese Pastorenfrau in ihr Tagebuch: „Montag. Ich wachte auf und spürte die Notwendigkeit, ein Fasten zu beginnen." [16] Dieses innere Gedrängtwerden durch den Heiligen Geist kann jederzeit und überall auftreten.

Besonders, bevor man ein längeres geistliches Fasten beginnt, ist es wichtig, Gottes Führung zu erhalten. Wenn man ein langes Fasten nur einfach so, aus sich selbst heraus, beginnt, stößt man unter Umständen auf Schwierigkeiten. Aber wenn Gott einen Menschen dazu führt, länger zu fasten, wird er ihm auch die Kraft geben, es durchzuhalten.

Gott zeigte mir mehrere Monate lang, daß ich 40 Tage fasten solle. Aber, wie gesagt: Ich war mir nicht sicher, ob ich so lang durchhalten würde. Deshalb begann ich auch dieses Fasten mit dem Gebet: „Herr, ich werde so lange fasten, wie ich mit deiner Hilfe kann. Ich erwarte von dir Hilfe. Ich nehme dein Versprechen aus Jesaja 40,31 in Anspruch, wo es heißt: *Die auf den Herrn harren, kriegen neue Kraft, daß sie auffahren mit Flügeln wie Adler, daß sie laufen und nicht matt werden, daß sie wandeln und nicht müde werden."* Gott war seiner Verheißung treu. Meine Fastentage waren, geistlich gesehen, die besten Tage meines Lebens!

„Kann es vorkommen, daß das Fasten einen Christen 'zu sehr packt' und er zu weit geht?"

Wir sollen auch bei geistlichem Fasten ein gutes Gleichgewicht halten. Mehr Fasten bedeutet nicht automatisch größeren geistlichen Gewinn. Wenn ein Christ solange im Gebet durchhält, bis ein Sieg errungen ist und er die Ziele, die Gott momentan für ihn hat, erreicht hat, braucht er nicht sofort wieder ein Fasten zu planen. Geistliches Fasten ist kein Lebensstil an sich, auch wenn es Teil der Nachfolge Jesu sein sollte.

 „Soll ich nach einem festen Zeitplan fasten?"

David R. Smith schreibt: „Ein reifer Christ, dem es nichts ausmacht, eine Mahlzeit auszulassen, muß nicht unbedingt einen festen Plan haben und braucht vielleicht auch nicht an einem bestimmten Wochentag zu fasten; sein Fasten wird eine persönliche Angelegenheit zwischen ihm und seinem Herrn sein und wird dem Muster folgen, das sich aus seinem Gebetsleben ergibt." [17] Aber dies setzt eine echte Bereitschaft, Gottes Stimme zu hören und ihr zu gehorchen, voraus.

Um geistliche Disziplin zu üben, fastete John Wesley jeden Mittwoch und jeden Freitag. [18] Dazu kamen längere Fastenzeiten für besondere Zwecke.

Letztlich stehen Christen nicht unter dem Gesetz des Alten Testaments, und das Neue Testament schreibt für das Fasten keine bestimmten Tage vor. Genau wie das, was wir essen (Römer 14), ist auch das Fasten eine Sache des Glaubens.

Wenn man erst einmal den Sinn des Fastens versteht und erkennt, was es einem Gutes bringt, wird man es auch als geistlich sinnvoll betrachten, regelmäßig zu fasten. Je mehr man fastet, um Gottes Angesicht und seine Herrlichkeit zu suchen, desto mehr wird man fasten wollen. Der Nutzen und Segen daraus ist über die Maßen groß.

13. „Soll ich vor dem Fasten meinen Arzt befragen?"

Ich würde es Ihnen empfehlen. Leider sind aber viele Ärzte in diesem Bereich nicht ausgebildet, sodaß ihre Kenntnis und ihr Verständnis begrenzt sind. Lee Bueno, der über den gesundheitlichen und den geistlichen Nutzen des Fastens Seminare hält, macht eine starke Aussage über die Einstellung der Ärzte zum Fasten:

„Von 1000 Ärzten reagieren 999 negativ auf das Thema Fasten. Sie haben nie gefastet, wissen wenig über das Thema und meist nur aus eigenartigen Geschichten, die sie gehört haben. Ein Mangel an Verständnis schafft unnötige Ängste und führt dazu, daß Ärzte vor unbegründeten, eingebildeten Gefahren warnen und (beim Patienten, der fasten will) Panik machen." [19]

Trotzdem möchte ich Sie ermutigen, mit Ihrem Arzt zu sprechen, bevor Sie ein längeres Fasten beginnen. Falls Sie gesundheitliche Bedenken haben, rate ich Ihnen, sich vorher untersuchen zu lassen, damit feststeht, daß Sie gesund sind. Aber seien Sie vorgewarnt: Auch wenn Sie kerngesund sind, wird Ihr Arzt Ihnen wahrscheinlich vom Fasten abraten. Wenn das geschieht, sehen Sie sich einem ähnlichen Dilemma gegenüber wie ich damals.

Im Laufe der Jahre habe ich oft gefastet - von einem Tag bis zu vier Wochen am Stück -, ohne meinen Arzt zu fragen. Weil mein vierzigtägiges Fasten über alles hinausging, was ich vorher unternommen hatte, bat ich mehrere christliche und weltliche Ärzte telefonisch um Rat. Sie wußten entweder nichts über Fasten oder versuchten, es mir gänzlich auszureden; ich stellte fest, daß ich allein dastand. Würde ich dem Heiligen Geist gehorchen oder dem, was die Ärzte zu sagen hatten?

Autoritäten im Bereich des Fastens sind sich einig, daß man körperlich und geistlich vom Fasten profitiert, wenn man gesund ist und richtig fastet. [20]

Es gibt bestimmte Personengruppen, die nie ohne ärztliche Begleitung fasten sollten:

● Menschen, die körperlich abgemagert sind.

● Menschen, die unter Schwächen oder Anämien leiden.

● Menschen, die Tumore, blutende Geschwüre, Krebs oder Blutkrankheiten haben oder kürzlich einen Herzinfarkt erlitten haben.

● Menschen, die unter chronischen Nieren-, Leber-, Lungen-, Herzkrankheiten oder anderen Erkrankungen wichtiger Organe leiden.

● Diabetiker, die Insulin einnehmen und andere Menschen, die Blutzuckerprobleme haben wie z.B. Unterzuckerung.

● Schwangere oder stillende Frauen. [21]

● Menschen, die vor dem Fasten Angst haben, weil sie seinen Wert nicht einsehen und nicht wissen, was auf sie zukommt, und die sogar glauben, sie könnten daran sterben. Fasten ist nicht Verhungern, aber wenn ein Mensch echte Zweifel und Gefühle hat - die zuerst überwunden werden müssen - sollte man ihn nicht zum Fasten überreden, bevor er sich nicht das nötige Wissen erworben hat.

Es mag noch weitere Personengruppen geben, die nicht fasten sollten. Als grobe Regel gilt: Wenn Sie sich ernsthaft um Ihre Gesundheit Sorgen machen oder schon in ärztlicher Behandlung sind, sollten Sie vorher Ihren Arzt befragen.

 „Welche Abstufungen gibt es beim Fasten?"

„Die Bibel versteht unter normalem Fasten, daß man sich fester und flüssiger Nahrung enthält, nicht aber des Wassers", sagt Richard Foster. „Aus gesundheitlicher Sicht wird Fasten gewöhnlich so gesehen." [22]

Die Bibel nennt drei Arten von Fasten: Teilfasten, Vollfasten und übernatürliches, absolutes Fasten.

Teilfasten wird im Buch Daniel beschrieben. Obwohl der Prophet anscheinend an Wasserfasten gewöhnt war, gab es eine dreiwöchige Periode, in der er sich nur der „leckeren Speise" enthielt und auf Fleisch und Wein verzichtete. (Daniel 10,3)

Lee Bueno sagt: „Eine Saftkur ist die verbreitetste Art des Teilfastens. Es bedeutet, sich ausgewählter Speisen und Getränke zu enthalten, ohne völlig auf alles Essen und Trinken zu verzichten ..." [23]

Ich begann mein vierzigtägiges Fasten mit einer Mischung, die sich bei mir im Lauf der Jahre als wirksam erwiesen hat: Etwa 4 Liter destilliertes Wasser mit eineinhalb Tassen Zitronensaft und einer halben Tasse Ahornsirup, dazu ein Viertel Teelöffel Cayenne-Pfeffer. Der Zitronensaft gibt Geschmack und Vitamin C, der Ahornsirup sorgt für Energie, und der Cayenne-Pfeffer, eine Pflanze, trägt dazu bei, daß die kleinen Blutgefäße sich öffnen, was meiner Meinung nach dem Körper hilft, wenn er sich von eingelagerten Giften reinigt.

Obwohl diese Mischung bei mir keine unerwünschten Nebenwirkungen ausgelöst hat, möchte ich darauf hinweisen, daß Cayenne-Pfeffer bei Menschen, die darauf allergisch sind, starke körperliche Reaktionen hervorrufen kann.

An den ersten 20 Fastentagen trank ich destilliertes Wasser und verschiedene Obst- und Gemüsesäfte. Wer noch unerfahren im Fasten ist, sollte sich an diese Kombination halten. Die Säfte verleihen Kraft und sind etwas, worauf wir uns freuen können. Dies mindert den geistigen Streß, der aus dem Wissen entsteht, daß man an diesem Tag nichts essen wird. Ich finde es hilfreich, das Wasser und die Säfte in meiner Nähe zu haben und den ganzen Tag über häufig davon zu trinken.

Das absolute und das übernatürliche absolute Fasten sind Vollfasten, bei denen man weder Nahrung noch Wasser in irgendeiner Form zu sich nimmt. [24]

Paulus führte ein solches absolutes Fasten durch und aß und trank drei Tage lang nicht, nachdem Jesus ihm auf der Straße nach Damaskus begegnet war (Apostelgeschichte 9,9). Ester rief zu einem dreitägigen absoluten Fasten auf, als die Juden im Persischen Reich von der Auslöschung bedroht waren (Ester 4,16).

Mose und Elia führten ein vierzigtägiges Fasten durch, das als übernatürliches absolutes Fasten betrachtet werden muß (5. Mose 9,1; 1. Könige 19,8)

Aber wegen der Austrocknung empfehle ich diese Arten von Fasten nicht, denn sie können die Gesundheit gefährden. Ich rate Ihnen, viel Flüssigkeit zu trinken.

 „Wie steht es mit der Arbeit und meinen ganz normalen Pflichten? Sollte ich mir zum Fasten freinehmen?"

Wie lang Sie fasten, welche Art von Fasten Sie durchführen und ob Sie Ihren Zeitplan anpassen können, hängt weitgehend von der Art Ihrer Beschäftigung ab. Menschen mit Bürotätigkeit finden es wahrscheinlich leichter, Ihrer Arbeit nachzugehen und dabei über eine längere Zeit hinweg zu fasten, als Menschen, die schwere körperliche Arbeit tun.

Ich bin der gleichen Meinung wie Arthur Wallis, der schreibt: „Es dürfte kein Problem sein, einen Tag zu fasten, ganz gleich in welchem Beruf." Er kannte „Hausfrauen und Mütter, die drei oder mehr Tage mit Gewinn gefastet und dabei ihren Haushalt geführt haben ... und Arbeiter, die ohne schädliche Nebenwirkungen längere Fastenzeiten durchgeführt haben, aber man würde dies normalerweise nicht empfehlen." [25]

Denken Sie daran, daß Sie für Gott fasten. Sie brauchen besondere Zeiten, in denen Sie zum Gebet und Bibellesen mit Gott allein sind. Lee Bueno sagt:

Manche Menschen kombinieren Fasten mit einer schweren Arbeitslast. Die meisten wundern sich dann, warum ihre Zeit keine Ergebnisse hervorgebracht hat. ‚Was ist passiert?', fragen sie ganz arglos und merken gar nicht, daß ihre Aufmerksamkeit die ganze Zeit über zwischen Gott und der Welt geteilt war.

 „Schadet Fasten meiner Gesundheit?"

Dies ist eine berechtigte Sorge angesichts der Tatsache, daß die meisten Menschen über dieses Thema schlecht informiert sind. Aber die meisten Ernährungswissenschaftler und Gesundheitsspezialisten, die sich mit dem Fasten auskennen, können hunderte von Fällen belegen, wo Fasten zu einer körperlichen Verjüngung geführt hat. [26]

Aus meiner Erfahrung kann ich sagen, daß die Arthritis in meinen Fingern nach 21 Fastentagen spürbar nachließ. Wegen eines Zwerchfellbruches habe ich seit Jahren verschiedene Antacidtabletten (zur Säureminderung) genommen, um die Magenbeschwerden zu lindern. In meiner ganzen Fastenzeit habe ich nicht eine Tablette gebraucht. Seit ich jedoch wieder normal esse, merke ich, daß ich die Antacidtabletten wieder nötig habe.

9. Kapitel

DIE VORBEREITUNG AUF DAS FASTEN

*I*ch weiß wirklich nicht, wie ich Gott in Gebet und Fasten suchen soll. Ich gehe in die Kirche, lese meine Bibel und bete hin und wieder. Das war's dann."

„Ich möchte gern fasten und beten, aber ich habe es noch nie probiert. Kann ich dann trotzdem jeden Tag arbeiten?"

„Hören Sie mal, wie soll ich meine Arbeit tun, wenn ich die ganze Zeit nur ans Essen denke? Wie kann ich Gott wirklich loben und ehren?"

„Ich habe echt Angst vor dem Fasten. Werde ich dann reizbar? Und wie komme ich mit meinen Kindern zurecht?"

Vielleicht haben Sie ähnliche Sorgen im bezug auf das Fasten. Sie fragen sich: „Wie soll ich anfangen? Soll ich überhaupt nichts essen? Falls ja, soll ich nur Wasser trinken, oder sind auch andere Getränke erlaubt? Soll ich Spaziergänge oder Dauerläufe machen? Muß ich mich mehr ausruhen? Soll ich anderen erzählen, daß ich faste? Wie kann ich gleichzeitig fasten, beten, Gottes Gegenwart suchen und meine täglichen Pflichten erledigen? Was muß ich tun, wenn meine Fastenzeit zu Ende geht?"

In diesem Kapitel werden wir uns mit praktischen Antworten auf solche Fragen beschäftigen. Ich möchte Ihnen einige Richtlinien mitgeben, wie Sie Ihr Fasten sicher und mit geistlichem Gewinn durchführen können.

Ihre Berufung zum Fasten

Der erste Schritt in Richtung Fasten besteht darin, daß man sich der Notwendigkeit, es zu tun, bewußt wird. Betrachten Sie die Informationen, die Sie in diesem Buch erhalten, als den „Ruf" des Heiligen Geistes an Sie, zu fasten und zu beten.

Je mehr Sie über das Fasten und seinen besonderen geistlichen und körperlichen Nutzen erfahren, desto leichter ist es für den Heiligen Geist, Sie dazu zu veranlassen. Wenn der Heilige Geist in uns wirkt, spricht er selten laut und dramatisch. Viel eher wird er Ihnen, entsprechend Philipper 2,13, die Erkenntnis schenken, daß Sie das Fasten nötig haben. Vielleicht verspüren Sie ein inneres Drängen, Gott auf besondere Weise zu suchen. Der Heilige Geist kann auch eine Notlage oder einen Mangel benutzen, um Sie zum Fasten und Beten zu rufen.

Mehrere Monate lang, bevor ich mein Fasten begann, hatte der Heilige Geist mir die immer schlimmer werdende moralische und geistliche Lage unseres Volkes als Last aufs Herz gelegt. Ich war mindestens einen Monat lang tief betrübt über Amerika, aber dies war ein neues und ganz besonderes Wirken des Heiligen Geistes. Er führte mich dazu, in tiefem Gebet „Gottes Angesicht zu suchen".

Wie man anfängt

Ob Ihr Fasten gelingen wird, hängt weitgehend davon ab, wie Sie es beginnen und durchführen. Erlauben Sie mir, Ihnen einige Schritte vorzuschlagen, die dazu beitragen können, daß Ihre Zeit mit Gott geistlich ertragreich wird und gleichzeitig Ihrer Gesundheit dient.

Erstens, stecken Sie sich ein bestimmtes Ziel. Warum wollen Sie fasten? Wollen Sie geistlich erneuert werden, Wegweisung bekommen, Heilung, Lösungen für Probleme, besondere Gnade, um mit einer schwierigen Situation fertigzuwerden? Sich auf das Ziel zu konzentrieren, kann Ihnen helfen, wenn Sie durch körperliche Probleme und äußeren Druck versucht sein sollten aufzugeben.

Ich persönlich glaube, daß der Heilige Geist allen Christen einen eindringlichen Ruf erteilt hat, sich durch Fasten und Beten zu demütigen, damit er unsere Seele aufrütteln, unsere Gemeinden erwecken und unser Land entsprechend 2. Chronik 7,14 heilen kann. Ich bitte Sie, dies zu Ihrem obersten Ziel zu machen.

Wie man die geistliche Grundlage legt

Zweitens, bereiten Sie sich geistlich vor. Die wahre Grundlage für Fasten und Beten ist Buße. Sünde, die wir nicht bekannt haben, hindert unser Gebet. Gott verlangt in der Bibel stets von seinem Volk, daß es von seiner Sünde umkehrt, bevor er sein Gebet hört. David sagt:

„Kommt her, höret zu, alle, die ihr Gott fürchtet; ich will erzählen, was er an mir getan hat. Zu ihm rief ich mit meinem Munde und pries ihn mit meiner Zunge. Wenn ich Unrechtes vorgehabt hätte in meinem Herzen, so hätte der Herr nicht gehört. Aber Gott hat mich erhört und gemerkt auf mein Flehen. Gelobt sei Gott, der mein Gebet nicht verwirft noch seine Güte von mir wendet.“ (Psalm 66,16-20)

An einer anderen Stelle spricht David von der Freude, die ihn wieder erfüllte, nachdem er seine Sünden, einschließlich Ehebruch und Mord, bekannt hatte:

„Wohl dem, dem die Übertretungen vergeben sind, dem die Sünde bedeckt ist! Wohl dem Menschen, dem der Herr die Schuld nicht zurechnet, in dessen Geist kein Trug ist! Denn als ich es wollte verschweigen, verschmachteten meine Gebeine durch mein tägliches Klagen. Denn deine Hand lag Tag und Nacht schwer auf mir, daß mein Saft vertrocknete, wie es im Sommer

dürre wird. Darum bekannte ich dir meine Sünde, und meine Schuld verhehlte ich nicht. Ich sprach: Ich will dem Herrn meine Übertretungen bekennen. Da vergabst du mir die Schuld meiner Sünde. Deshalb werden alle Heiligen zu dir beten zur Zeit der Angst. Darum, wenn große Wasserfluten kommen, werden sie nicht an sie gelangen." (Psalm 32,1-6)

Und Salomon schreibt: „Der Herr ist ferne von den Gottlosen; aber der Gerechten Gebet erhört er." (Sprüche 15,29)

Wenn Sie mit dem Fasten beginnen, sollten Sie Gott jede Sünde bekennen, die der Heilige Geist Ihnen aufdeckt. Schließen Sie ganz deutliche Sünden ebenso in Ihr Bekenntnis ein wie weniger offensichtliche, wenn Sie z.B. Ihre erste Liebe zu Jesus verlassen haben, Ihr Denken weltlich und egoistisch geworden ist oder Sie geistlich gleichgültig geworden sind.

Bekennen Sie auch Sünden gegen den Staat - wenn Sie nicht wählen gegangen sind, lau in bezug auf ethische oder geistliche Werte waren oder bei Ihrer Steuererklärung betrogen haben. Bitten Sie den Heiligen Geist, alles in Ihrem Leben aufzudecken, was Gott nicht gefällt.

Vielleicht erinnert er Sie dann auch an Worte, durch die Sie jemanden verletzt oder seinen Ruf geschädigt haben; oder an Ihr mangelndes Vertrauen in Gott, das Sie davon abhält, sich Gott voll hinzugeben. Schreiben Sie alle Ihre Sünden auf ein Blatt Papier und nehmen Sie Gottes Verheißung aus 1. Johannes 1,9 in Anspruch, wo es heißt:

„Wenn wir aber unsre Sünden bekennen, so ist er treu und gerecht, daß er uns die Sünden vergibt und reinigt uns von aller Ungerechtigkeit."

Eine der wichtigsten Lehren der Bibel, deren Verständnis und Anwendung mein Leben wie keine andere bereichert hat, ist, was ich „geistliches Atmen" nenne. Wie das normale Atmen, ist geistliches Atmen ein Prozeß, bei dem man Unreines ausatmet und Reines einatmet. Sie sollten also, wenn Sie Gott in einer Sache bewußt ungehorsam waren, geistlich atmen, um die Fülle des Heiligen Geistes in Ihrem Leben wiederherzustellen.

Wir atmen aus, indem wir unsere Sünde bekennen. Gott verspricht, daß er uns vergibt, wenn wir unsere Sünden bekennen. Im griechischen Urtext steht für bekennen das Wort „homologeo" = übereinstimmen, gleicher Meinung sein. Zu diesem Übereinstimmen gehört folgendes:

Zuerst erkennen wir an, daß unsere Sünde oder Sünden - die wir Gott ganz konkret nennen sollen - falsch sind und ihn betrüben.

Evelyn Christenson hat eine Liste möglicher Sünden zusammengestellt [1], die Ihnen vielleicht eine Hilfe sein kann. Jedes Ja auf die folgenden Fragen ist eine Sünde in Ihrem Leben, die Sie Gott bekennen müssen.

- Vergeßt auch nicht, Gott für alles zu danken. Denn das erwartet Gott von seinen Kindern. (1. Thessalonicher 5,18)
Machen Sie sich um irgend etwas Sorgen? Versäumen Sie, Gott für alles zu danken, das Schlechte genauso wie das Gute? Unterlassen Sie häufig das Tischgebet?

- Gott aber kann viel mehr tun, als wir von ihm erbitten oder uns auch nur vorstellen können. So groß ist seine Kraft, die in uns wirkt. (Epheser 3,20)
Wagen Sie deswegen nichts für Gott, weil Sie Ihrer Meinung nach nicht begabt genug sind? Halten Minderwertigkeitsgefühle Sie davon ab, Gott zu dienen? Geben Sie sich selbst statt Gott die Ehre, wenn Sie etwas für Christus erreicht haben?

- Ihr werdet den Heiligen Geist empfangen und durch seine Kraft meine Zeugen sein in Jerusalem und Judäa, in Samarien und auf der ganzen Erde. (Apostelgeschichte 1,8)

Versäumen Sie, mit Ihrem ganzen Leben ein Zeugnis für Christus zu sein? Glauben Sie, daß es genug ist, den christlichen Glauben einfach nur zu leben und den verlorenen Menschen nicht auch mit Worten Zeugnis zu geben?

- In der Vollmacht, die mir Gott als Apostel gegeben hat, warne ich jeden einzelnen von euch: Schätzt euch nicht höher ein, als euch zukommt. (Römer 12,3)

Sind Sie stolz auf *Ihre* Errungenschaften, *Ihre* Begabung, *Ihre* Familie? Schätzen Sie sich höher ein als andere und wichtiger für den Leib Christi? Glauben Sie, daß Sie ein ganz guter Christ sind? Widerstreben Sie, wenn Gott Sie verändern will?

- Mit Bitterkeit, Jähzorn, Wut, gehässigem Gerede oder anderen Gemeinheiten sollt ihr nichts mehr zu tun haben. (Epheser 4,31)

Beklagen Sie sich oft, suchen Fehler bei anderen, streiten? Sind Sie häufig kritisch? Hegen Sie Groll gegen Christen anderer Gruppen, weil Sie nicht alles genauso sehen wie Sie? Sprechen Sie schlecht über Menschen, die nicht anwesend sind? Sind Sie böse auf sich selbst, auf andere, auf Gott?

- Habt ihr etwa vergessen, daß euer Leib ein Tempel des Heiligen Geistes ist, den euch Gott gegeben hat? Ihr gehört also nicht mehr euch selbst. (1. Korinther 6,19)

Gehen Sie achtlos mit Ihrem Körper um? Sind Sie schuldig, weil Sie ihn nicht durch rechte Ernährung und sportliches Training als Tempel des Heiligen Geistes pflegen? Mißbrauchen Sie Ihren Körper durch unheilige sexuelle Handlungen?

- Redet nicht schlecht voneinander. Was ihr sagt, soll für jeden gut und hilfreich sein, eine Wohltat für alle. (Epheser 4,29)

Gebrauchen Sie schmutzige Reden, erzählen Sie schlüpfrige Witze? Dulden Sie es, wenn andere es in Ihrer Gegenwart tun?

- Gebt dem Teufel keine Chance, Unfrieden zu stiften. (Epheser 4,27)

Sehen Sie nicht, daß Sie dem Satan einen „Landeplatz" bieten, wenn Sie sich ihm durch Transzendentale Meditation, Yoga, telepathische Vorhersagen, okkulte Literatur oder Filme, die Gewalt und Sex verherrlichen, öffnen? Holen Sie sich Wegweisung für Ihr tägliches Leben aus Horoskopen statt von Gott? Erlauben Sie dem Satan, Sie durch Kritiksucht, Tratsch und mangelnde Unterstützung Ihrer Gemeinde zum Schaden werden zu lassen?

- Seid nicht fahrlässig oder träge in finanziellen und geschäftlichen Dingen. (Römer 12,11)

Versäumen Sie, rechtzeitig Ihre Schulden zu bezahlen? Überziehen Sie mit Hilfe einer Kreditkarte Ihr Konto? Versäumen Sie es, bei Ihrer Einkommensteuer ehrliche Angaben zu machen? Treiben Sie irgendwelche zwielichtigen Geschäfte?

- Versäumt nicht die Zusammenkünfte eurer Gemeinde, wie es sich einige angewöhnt haben. (Hebräer 10,25)

Gehen Sie nur unregelmäßig oder selten in Ihre Gemeinde? Sind Sie nur körperlich anwesend und flüstern, lesen oder planen, während Gottes Wort verkündet wird? Lassen Sie Gebetstreffen ausfallen? Sind Sie nachlässig in der Durchführung einer Familienandacht?

- Hört auf, euch gegenseitig zu belügen. Ihr habt doch euer früheres Leben mit allem, was dazugehörte, wie alte Kleider abgelegt. (Kolosser 3,9)

Lügen Sie manchmal? Übertreiben Sie gern? Gebrauchen Sie Notlügen? Stellen Sie Dinge so dar, wie Sie sie gern hätten, und nicht, wie sie wirklich sind?

- Meine lieben Freunde! ... Deshalb bitte ich euch eindringlich: Gebt den Wünschen und Verlockungen dieser Welt nicht nach, die euern Glauben gefährden. (1. Petrus 2,11)

Blicken Sie manchmal begierig nach Menschen des anderen Geschlechts? Füllen Sie Ihr Inneres mit auf Sex ausgerichteten Fernsehprogrammen, Büchern, Zeitschriften? Lesen Sie Schundromane? Leben Sie in Unzucht, Ehebruch, Perversion?

- An eurer Liebe füreinander wird die Welt erkennen, daß ihr meine Jünger seid. (Johannes 13,35)

Sind Sie mitschuldig an Parteiungen und Trennungen in Ihrer Gemeinde? Gießen Sie, wenn es ein Mißverständnis gibt, noch „Öl ins Feuer", oder helfen Sie mit, die Sache zurechtzubringen? Lieben Sie nur die Mitglieder Ihrer eigenen Gemeinde und haben Sie das Gefühl, daß die Mitglieder anderer Denominationen nicht zum Leib Jesu Christi gehören? Freuen Sie sich heimlich über die Mißerfolge eines anderen? Ärgern Sie sich über seinen Erfolg?

- Streitet nicht miteinander, und seid bereit, einander zu vergeben, selbst wenn ihr glaubt, im Recht zu sein. Denn auch Christus hat euch vergeben. (Kolosser 3,13)

Tragen Sie jemandem irgend etwas nach, das er gesagt oder ihnen angetan hat? Meiden Sie bestimmte Menschen? Hegen Sie gegen jemanden Groll?

- Wer früher gestohlen hat und davon lebte, der soll sich jetzt eine ehrliche Arbeit suchen, damit er Notleidenden helfen kann. (Epheser 4,28)

Bestehlen Sie Ihren Arbeitgeber, indem Sie weniger oder kürzer arbeiten, als Sie bezahlt werden? Manipulieren Sie Ihre Spesenabrechnungen? Nehmen Sie Material von der Arbeitsstelle mit nach Hause?

- Niemand kann gleichzeitig zwei Herren dienen ... Genausowenig könnt ihr zur selben Zeit für Gott und das Geld leben. (Matthäus 6,24)
Besteht das Ziel Ihres Lebens darin, möglichst viel Geld zu verdienen, Reichtümer anzuhäufen? Enthalten Sie Gott seinen Anteil an Ihrem Einkommen vor? Ist Ihr Geld Ihr Gott?

- Ihr wollt vor den Leuten als die Gerechten dastehen, aber in Wirklichkeit seid ihr voller Bosheit und Heuchelei. (Matthäus 23,28)
Wissen Sie in Ihrem Herzen, daß Sie nicht echt sind und nur vorgeben, ein Christ zu sein? Verstecken Sie sich hinter Ihrer Kirchenzugehörigkeit, um einen Lebensstil voller Sünde zu verbergen? Spielen Sie wegen der sozialen Anerkennung in Kirche und Gesellschaft den frommen Christen? Nicken Sie bei der Sonntagspredigt zustimmend, um dann die Woche über in Sünde zu leben? Sind Sie zuhause der Mensch, den Sie draußen spielen? Könnte man Ihr Leben der letzten zwei Wochen öffentlich als Film vorführen?

- Schließlich, meine lieben Brüder, orientiert euch an dem, was wahrhaftig, gut und gerecht, was anständig, liebenswert und schön ist. Wo immer ihr etwas Gutes entdeckt, das Lob verdient, darüber denkt nach. (Philipper 4,8)
Hören Sie gern Tratsch? Erzählen Sie ihn weiter? Glauben Sie Gerüchten oder Teilwahrheiten, besonders über einen Feind oder Rivalen? Versäumen Sie es, täglich in der Bibel zu lesen? Versäumen Sie es, über göttliche Dinge nachzudenken?

Erstellen Sie nun anhand dieser Fragen oder anderer Impulse, die Gott Ihnen gegeben hat, eine Liste. Nehmen Sie 1. Johannes 1,9 in Anspruch. Wenn Sie Gott Ihre Sünden bekannt haben, dann dürfen Sie im Glauben annehmen, daß er Ihnen durch den Tod Jesu Christi am Kreuz vergeben hat (Hebräer 10,1-23).

Kehren Sie dann um, ändern Sie Ihre Einstellung zur Sünde. Die Kraft des Heiligen Geistes wird Sie befähigen, Ihr Denken und Handeln zu verändern. Tun Sie nun, was Gott von Ihnen möchte, und nicht mehr, was Ihre alte sündige Natur von Ihnen will.

Atmen Sie geistlich ein, indem Sie die Fülle des Geistes Gottes im Glauben in Anspruch nehmen. Vertrauen Sie darauf, daß er Sie beherrscht und bevollmächtigt, entsprechend Gottes Befehl in Epheser 5,18: „Werdet voll Geistes." Dies bedeutet, daß wir immer und ununterbrochen vom Heiligen Geist beherrscht und bevollmächtigt sind.

Nach seiner Verheißung in 1. Johannes 5,14-15 hört Gott uns und erfüllt unsere Bitte, weil wir nach seinem Willen beten. Wir dürfen uns darauf verlassen, daß Gott unser Beten erhört, wenn wir ihn um etwas bitten, was seinem Willen entspricht. Und weil Gott solche Gebete ganz gewiß erhört, dürfen wir auch darauf vertrauen, daß er uns gibt, worum wir ihn bitten.

Die meisten Christen verstehen nicht, daß geistliches Atmen eine Glaubensübung ist. Deshalb leben viele auf einer geistlichen Berg- und Talfahrt. Sie schwanken von einem Gefühlserlebnis zum anderen, verbringen ihr Leben zum größten Teil als weltliche Christen, bestimmen ihr Leben selbst - deshalb sind sie enttäuscht und bringen keine Frucht.

Wenn dies auch Ihre Erfahrung ist, wird das geistliche Atmen Ihnen helfen, dieser geistlichen Berg- und Talfahrt ein Ende zu setzen. Sie werden das überfließende Leben als Christ erfahren, das der Herr Jesus Christus Ihnen versprach, als er sagte: *„Ich aber bringe allen, die zu mir gehören, das Leben - und dies im*

Überfluß." (Johannes 10,10). Wenn Sie geistlich atmen, werden Sie auch beständig Gottes Liebe und Vergebung und die Kraft und Führung des Heiligen Geistes als Lebensstil erfahren.

In dem Augenblick, als Sie Christus als Herrn und Erlöser in Ihr Leben einluden, erfuhren Sie die geistliche Wiedergeburt. Sie wurden ein Kind Gottes und wurden mit dem Heiligen Geist erfüllt. Gott vergab Ihnen Ihre Sünden - die der Vergangenheit, Gegenwart und Zukunft. Er machte Sie auf Grund des Opfers, das Jesus Christus am Kreuz für Sie vollbracht hat, gerecht, heilig und annehmbar vor seinem Angesicht. Er gab Ihnen die Kraft, ein heiliges Leben zu führen und ein fruchtbringender Zeuge für Gott zu sein. Wenn Sie durch den Glauben im Heiligen Geist leben und das geistliche Atmen praktizieren, müssen Sie nie mehr in geistlicher Niederlage leben.

Wie man sich körperlich vorbereitet

Der dritte Schritt in der Vorbereitung ist, sich körperlich vorzubereiten. Beginnen Sie nicht hastig ein Fasten. Wenn Sie planen, mehrere Tage lang nichts zu essen, ist es hilfreich, bereits vorher kleinere Mahlzeiten einzunehmen. Dies wirkt wie ein Signal, daß Sie die Zeit des Fastens begonnen haben, und es läßt Ihren Magen und Ihren Appetit „schrumpfen". (Wenn Sie Medikamente auf Rezept einnehmen, fragen Sie aber bitte vorher Ihren Arzt!) Das Trinken von Kaffee oder Schwarztee sollte reduziert und dann eingestellt werden, um das Auftreten von Kopfschmerzen zu vermeiden.

Lee Bueno spricht sich sehr dafür aus, daß wir uns vorbereiten sollen: Da viele Menschen ein starkes Absinken ihres Blutzuckerspiegels erleben, wenn sie von ihrem normalen Speiseplan mit viel Fett und Zucker abweichen, sollte man ein oder zwei Tage vor dem Fasten weniger solche Speisen essen. [2]

Einige Ernährungswissenschaftler schlagen vor, daß man zwei Tage vor Beginn der Fastentage nur Rohkost ißt.

Viertens, bitten Sie den Heiligen Geist, Ihnen zu zeigen, welche Art von Fasten Sie durchführen sollen. Will Gott, daß Sie gar nichts essen und nur Wasser trinken? Oder Wasser und Säfte? Möchte er, daß Sie eine Mahlzeit pro Tag fasten, einen Tag in der Woche, einige Tage oder Wochen am Stück? Führt Gott Sie, 40 Tage lang zu fasten? Wenn Sie in dieser Sache die Führung des Heiligen Geistes suchen, wird es für Ihre Zeit mit Gott nur von Vorteil sein.

Der Verzicht auf Genußmittel wie Schokolade, Kuchen oder andere Lieblingsspeisen kann empfehlenswert sein, erlaubt aber dem Heiligen Geist nicht, in Ihrem Inneren so zu wirken, daß er die notwendigen Veränderungen in Ihrem geistlichen Leben vollbringen kann.

Wie bereits erwähnt, gehört zum biblischen Fasten normalerweise das Trinken von Wasser. Ich habe oft einen oder mehrere Tage nur mit Wasser gefastet und bin dabei reich gesegnet worden. Aber ich empfehle Ihnen sehr, zusätzlich Obst- und Gemüsesäfte zu trinken.

Von Orangen- oder Tomatensaft rät der Ernährungswissenschaftler Dr. James F. Balch wegen der Säure dieser Säfte ab. Er empfiehlt vor allem den Saft von frischem Kraut, roter Beete und Karotten, von Sellerie, Trauben und Äpfeln. Außerdem seien „grüne Säfte", aus grünem Blattgemüse gepreßt, geeignet, weil sie hervorragend entgiften. [3]

Ich empfehle Obstsäfte aus zwei Gründen: ihr natürlicher Zuckergehalt verleiht Kraft, und der Geschmack und die Stärke motivieren, das Fasten weiterzumachen. Dr. Balch meint, daß Obstsäfte reinigend wirken und deshalb am besten morgens getrunken werden. Gemüsesäfte wirken aufbauend und wiederherstellend und werden am besten nachmittags getrunken.

Eine gute Kombination ist destilliertes Wasser mit Obstsaft gemischt, besonders wenn man noch unerfahren im Fasten ist; man konzentriert sich dann mehr auf Gott als auf den quälenden Hunger und die unangenehmen Gefühle oder das Unwohlsein, die ein reines Wasserfasten manchmal begleiten.

Wenn man erst einmal Erfahrung mit dem Fasten hat, braucht man für kurze Fastenzeiten (ein bis drei Tage) nichts anderes als Wasser. Christen, die regelmäßig fasten, können oft zehn oder mehr Tage, bis hin zu 40, mit Wasser fasten - und haben dabei geistlichen und körperlichen Gewinn. Allerdings sollte jemand, der sich mit Wasserfasten auskennt, sie täglich begleiten. Wir haben mehr Fettreserven im Körper, als wir glauben, und die meisten von uns würden gern einige davon loswerden. [4]

Bis Sie jedoch Ihre „Fastenmuskeln" trainiert haben, oder wenn Sie ein längeres Fasten durchführen wollen, werden Sie vielleicht außer Wasser auch Obst- oder Gemüsesäfte (vorzugsweise ohne Zucker oder Süßstoff) trinken wollen.

Dr. Ruibal meint, daß ein Mensch ohne weiteres solange mit Säften fasten kann, wie er glaubt, daß Gott ihn dazu führt. Er empfiehlt, ab dem dritten Tag Säfte zu trinken. „Beim Saftfasten erhält Ihr Körper bestimmte Nährstoffe", sagt Dr. Ruibal. „Obstsäfte liefern Glukose. Wassermelone ist hervorragend geeignet, weil sie hauptsächlich aus Wasser mit Glukose besteht. Sie ist mild und regt nicht an. Geben Sie sie in den Mixer, ohne Wasser zuzufügen. Auch der Saft frischer Äpfel ist gut. Ein grüner Saft, gepreßt aus Sellerie, römischem Salat (Romagna-Salat) und Karotten zu etwa gleichen Teilen liefert die Mineralien, die der Körper für viele Nervenfunktionen braucht. Dadurch können Sie in gewissem Maß produktiv tätig sein."

Ernährungswissenschaftler raten, koffeinhaltige Getränke wie Kaffee, Tee oder Cola zu vermeiden. „Das Koffein, die Schwefelsäuren und der Phosphor in diesen Getränken sind nicht gut für den Körper. Sie sind sogar gefährlich", sagt Dr. Ruibal. Weil Koffein anregend wirkt, hat es eine noch stärkere Wirkung auf das Nervensystem, wenn man nichts ißt. Dies wirkt dem körperlichen wie dem geistlichen Nutzen des Fastens entgegen.

„Wenn Sie starken Hunger verspüren, weil die anregenden Stoffe fehlen, sollten Sie einfach mehr trinken", sagt Dr. Ruibal. „Kräutertees sind erlaubt, aber nehmen Sie nur wenig Honig."

Für kältere Klimazonen empfiehlt Dr. Ruibal warme Brühe. Kochen Sie Kartoffelscheiben, Karotten und Sellerie in Wasser, aber ohne Salz. Gießen Sie nach einer halben Stunde das Gemüsewasser ab und trinken es. So haben Sie auch geschmacklich etwas Abwechslung.

Dr. Balch schlägt ein anderes Rezept für Gemüsebrühe vor: Drei Karotten, zwei Selleriestauden, eine Rübe, zwei rote Beete, ein halber Kohlkopf, ein Viertel von einem Bund Pastinacken, eine Viertel-Zwiebel, eine Viertel-Knoblauchzehe. Er empfiehlt, das Gemüse leicht kochen zu lassen und dann zwei- bis dreimal am Tag die Brühe zu trinken. [5]

Dr. Ruibal schlägt folgenden Zeitplan vor, der Ihnen für Ihr Fasten eine Hilfe sein kann:

5-8 Uhr morgens

Obstsäfte, am besten frisch gepreßt oder gemixt und, bei sauren Früchten, halb mit Wasser verdünnt. Geeignet sind Orangen, Äpfel, Birnen, Grapefruits, Papaya oder andere Früchte. Wenn Sie Ihre Säfte nicht selbst zubereiten können, dann kaufen Sie solche ohne Zucker oder Zusätze.

10.30 Uhr bis mittags

Grüner Gemüsesaft, frisch gepreßt aus Salat, Sellerie und Karotten zu gleichen Teilen.

14.30 bis 16 Uhr

Kräutertee mit einem Tropfen Honig. Achten Sie darauf, daß es kein schwarzer oder anregender Tee ist.

18 bis 20.30 Uhr

Brühe von gekochten Kartoffeln, Sellerie und Karotten ohne Salz. Kochen Sie das Gemüse etwa eine halbe Stunde, gießen Sie die Brühe in eine Tasse und trinken Sie sie.

Ich möchte Ihnen empfehlen, keine Milch zu trinken, weil es ein reines Nahrungsmittel ist und deshalb dem Fasten widerspricht.

Sie können soviel Wasser trinken, wie Sie wollen. Der Körper braucht beim Fasten sehr viel Wasser, sowohl um der reinigenden Wirkung willen als auch, um nicht auszutrocknen. Aus praktischen Gründen empfiehlt es sich, stets eine kleine Wasserflasche mit destilliertem Wasser neben sich stehen zu haben. Wenn Sie zu den Essenszeiten Wasser trinken, bringen Sie Ihren Magen zum Schweigen, weil er denkt, er erhält Nahrung.

Wenn Sie sich nicht nach dem von Dr. Ruibal empfohlenen Zeitplan richten wollen, können Sie auch den ganzen Tag über Obst- und Gemüsesäfte trinken. Aber üben Sie Selbstkontrolle. Denken Sie daran, daß Sie ein geistliches Fasten durchführen. Wenn Sie nicht kontrollieren, wieviel Obstsaft Sie trinken, könnten Sie Ihr geistliches Ziel verfehlen.

Noch ein weiterer Ratschlag von Dr. Balch: Kauen Sie während des Fastens nichts, auch keinen Kaugummi. Der Verdauungsprozeß beginnt mit Kauen - es werden Enzyme in den Magendarmtrakt ausgeschieden. Wenn diese Enzyme im Magen keine Nahrung vorfinden, die sie verdauen können, kann es Schwierigkeiten geben. (6)

Fünftens, schränken Sie Ihre Aktivitäten ein. Treiben Sie nur mäßig Sport. Ruhen Sie sich soviel aus, wie Ihr Zeitplan es erlaubt. Kurze Schläfchen sind sehr hilfreich. „Ausruhen ist keine Sünde", erklärt Dr. Ruibal. „Fasten im strengsten Sinn ist körperliche Ruhe. Ihr Körper ruht von den Vorgängen, die mit der Verdauung und Aufnahme von Nahrung zusammenhängen und konzentriert sich auf Ausscheidung."

Deshalb treten beim Fasten manchmal Nebenwirkungen auf. „Viele haben Kopfweh, Magenschmerzen, Übelkeit, einen schlechten Geschmack im Mund oder eine belegte Zunge", sagt Dr. Ruibal. „Der Urin wird dunkler, und sogar der Schweiß riecht manchmal schlechter. Selbst Erbrechen ist möglich. Das ist normal. Bei längerem Fasten ist es nicht ungewöhnlich, daß Fieber auftritt. Grundsätzlich nutzt der Körper das Fasten, um sich zu reinigen und zu heilen."

Sechstens, achten Sie darauf, welche Medikamente Sie einnehmen. Wenn Sie Medikamente auf Rezept einnehmen, ist es besonders wichtig, daß Sie Ihren Arzt fragen, bevor Sie ein Fasten beginnen. „Sie könnten gesundheitliche Probleme bekommen, wenn Sie fasten und Ihre Medizin weiternehmen", warnt Dr. Ruibal.

„Die meisten Menschen können blutdrucksenkende Mittel absetzen, wenn sie auf richtige Ernährung, Bewegung und Streßbewältigung achten", sagt er. „Aber Sie müssen sehr vorsichtig sein. Lassen Sie sich regelmäßig den Blutdruck messen, und wenn Sie merken, daß Sie Ihre Tabletten brauchen, dann nehmen Sie sie wieder." Jede Veränderung der Dosis Ihrer Medikamente sollte mit der Zustimmung und unter der Überwachung Ihres Arztes erfolgen.

Planen Sie Ihre Gebetszeit

Siebtens, reservieren Sie reichlich Zeit, um mit Gott allein zu sein. Je mehr Zeit Sie in Gemeinschaft mit Gott, in Lobpreis und Anbetung verbringen, je mehr Sie während des Fastens das Wort Gottes lesen und darüber nachdenken, desto gewinnbringender wird Ihr Gebet und desto ertragreicher Ihr Fasten sein.

Suchen Sie Gott im Gebet und beim Lesen seines Wortes, bevor Sie morgens aus dem Haus gehen und Ihrer täglichen Arbeit nachgehen. Beten Sie mittags wieder und kommen Sie abends noch einmal vor Gott, um in aller Ruhe „sein Angesicht zu suchen". Natürlich sollten Sie auch den Tag über in seiner Nähe leben und beständig mit Gott Gemeinschaft haben, indem Sie „ohne Unterlaß" beten.

Es gibt kein festes Programm, wie man beten soll, wenn man fastet. Sie können laut oder leise beten und Gott bitten, bestimmte Bitten zu erhören. Sie können eine Liste machen und jeden Tag die Dinge hinzufügen, die Ihnen in den Sinn kommen. Beten Sie für Ihre Familie, Ihren Pastor und Ihre Gemeinde, Ihren Wohnort und unser Volk. Beten Sie für Erweckung in unserem Land und eine große geistliche Ernte weltweit. Beten Sie für die Erfüllung des Missionsauftrags.

Sie können in stiller Meditation vor Gott verharren und den Heiligen Geist einladen, Ihnen zu dienen und Ihnen einzugeben, wofür Sie bitten sollen.

Wenn Sie Ihrer täglichen Arbeit nachgehen, sollten Sie daran denken, daß Sie immer noch fasten und Gottes Angesicht suchen. Einige meiner tiefsten geistlichen Erkenntnisse wurden mir geschenkt, als ich meinen dienstlichen Verpflichtungen nachkam und dabei „sein Angesicht suchte" und „in seiner Nähe lebte".

Wenn Sie nicht wissen, wofür Sie beten sollen, oder das Gefühl haben, sich „ausgebetet" zu haben, dann verharren Sie still vor Gott. Schlagen Sie die Psalmen oder andere Bibeltexte auf und beten Sie mit dem Wort Gottes zu Gott. Lesen Sie z.B. Psalm 23, beten Sie jeden Vers laut und danken Sie Gott, daß er diese Verheißungen in Ihrem Leben wahrmacht. Loben und preisen Sie Gott. Sagen Sie ihm, wie sehr Sie ihn lieben und daß Sie ihm dienen möchten. Laden Sie ihn ein, ganz neu Ihr Leben zu erfüllen.

Oder verwenden Sie als Leitlinie das Vaterunser, wie es in Matthäus 6,9-13 aufgezeichnet ist. Dieses Gebet schließt grundsätzlich alles ein, was wir von Gott erbitten oder ihm sagen könnten. Als Einführung zu diesem Gebet erinnert Jesus seine Jünger: *„Euer Vater im Himmel weiß, was ihr braucht". (Matthäus 6,8)*

Nachdem Sie nun eine Vorstellung vom Fasten haben, ist es Zeit, Ihre Aufmerksamkeit auf den Einen zu lenken, der Sie sieht und kennt - den Einen, der sich an Ihnen freut und wartet, daß Sie vor sein Angesicht kommen.

10. Kapitel

DURCHFÜHRUNG UND BEENDIGUNG DES FASTENS

Nun ist es soweit: Sie haben mit dem Fasten und Beten begonnen. Sie essen keine feste Nahrung mehr und suchen die Gegenwart Gottes. Dummerweise fühlen sich manche genau in diesem Augenblick sonderbar. Sie denken: „Nun will ich also fasten. Was mache ich jetzt als nächstes?"

Wenn Sie zu den Menschen gehören, die geistliche Fortschritte an ihren Gefühlen oder an sichtbaren Ergebnissen messen, kann dies eine Zeit sein, in der Sie sich leicht verwirrt fühlen. Falls das geschieht, sollten Sie sich in Geduld üben, sich in Gott entspannen und den Heiligen Geist bitten, Ihnen zu helfen. Wenn Sie Gott im Glauben suchen, dürfen Sie sicher sein, daß er Sie zur Durchführung des Fastens befähigen wird, das Sie nach seinem Willen begonnen haben.

Erlauben Sie mir, Ihnen für Ihre Fastenzeit ein paar hilfreiche Vorschläge zu machen.

Erstens, schränken Sie Ihre Aktivitäten ein. Anstrengende Sportarten wie Radfahren, schnelles Gehen und Jogging werden zwar im Rahmen von Gesundheits- und Schlankheitskuren empfohlen, aber nicht für Fastenzeiten.

Wer gesund ist und mit Saft fastet, kann vielleicht in langsamem Tempo zwei bis drei Kilometer gehen. Jedoch sollte man, wenn man nur mit Wasser fastet, nicht ohne die Aufsicht eines Fastenspezialisten Sport treiben.

Wenn Sie eine anstrengende Arbeit tun müssen, werden Sie vielleicht nur einen Tag pro Woche fasten wollen und sich auf ein Teilfasten beschränken. Oder Sie könnten hauptsächlich am Wochenende fasten.

Zweitens, rechnen Sie damit, daß Sie häufig die Toilette aufsuchen müssen. Sie sollen ja viel trinken. Vielleicht wollen manche vor, während oder nach dem Fasten Einläufe machen oder Abführmittel nehmen. Ernährungswissenschaftler, die sich auf Fasten spezialisiert haben, sind sich uneinig, ob man das tun soll oder nicht. Sie sind sich jedoch darin einig, daß Ihr Verdauungstrakt seine Funktionen einstellt, wenn Sie nichts mehr essen. Wenn Sie wieder mit dem Essen beginnen, nimmt er seine normalen Tätigkeiten wieder auf. Wenn Sie länger fasten wollen, sollten Sie sich vielleicht näher mit diesem Thema befassen. [1]

Während meines vierzigtägigen Fastens trank ich Psyllium, das es in den meisten Drogerien und Apotheken zu kaufen gibt. In Wasser angerührt, wirkt Psylliumpulver wie Wackelpeter. Es lieferte die Ballaststoffe, die ich brauchte, um mein Verdauungssystem zu reinigen.

Drittens, rechnen Sie mit innerem Unwohlsein. Sie werden innere Konflikte erleben, wenn Sie sich das Vergnügen versagen, schmackhafte Nahrung zu essen. Bei einem dreitägigen Fasten kann dieser Kampf gegen Ende des zweiten Tages schlimmer werden. Dies scheint der beliebteste Zeitpunkt zu sein, an dem das „Ich" aufsteht und sagt: „He, jetzt reicht es mir aber. Ich will nicht mehr weiter!"

Vielleicht sind Sie ungeduldig und gereizt. Es ist nicht ungewöhnlich, daß man während eines längeren Fastens schlechtgelaunt oder ängstlich wird.

Sie müssen auch damit rechnen, daß der Feind Ihnen Widerstand leistet und Ihnen Gedanken einflüstert, die Ihre Entschlossenheit prüfen sollen. Wenn dies geschieht, dann bitten Sie Gott,

Ihren Verstand mit seinem Blut zu reinigen und Sie mit seinem Heiligen Geist zu erfüllen.

Viertens, rechnen Sie mit körperlichem Unwohlsein. Vielleicht erleben Sie in den ersten paar Tagen manchmal ein körperliches Schwächegefühl. Wenn dies geschieht, dann trinken Sie häufig Wasser und Säfte, ruhen sich aus und schöpfen Kraft im Gebet, Lobpreis und in Gottes Wort.

Am Ende des zweiten Tages werden Sie wahrscheinlich feststellen, daß Sie - im Bauch und im Kopf - sehr hungrig sind, aber am Ende des dritten Tages sind Sie wahrscheinlich nicht mehr hungrig. Dafür fühlen Sie sich vielleicht schwach.

Bueno sagt: Nach den ersten zwei oder drei Tagen verschwindet der Hunger ... und das heiße Verlangen nach Nahrung geht weg. Bedenken Sie: Appetit ist ein geistiges Verlangen; Hunger ist eine körperliche Notwendigkeit.

Man würde annehmen, daß man immer schwächer wird, je länger man fastet. Aber gesunde Menschen berichten, daß sie während eines ausgedehnten Fastens sogar neue Lebenskraft erhalten haben. Wenn der Körper sich selbst entgiftet und anfängt, sich von seinen Reserven zu ernähren, hört der Magen auf, nach Nahrung zu verlangen, und man verspürt oft ein körperliches Wohlgefühl. [2] Ich habe mich während meines langen Fastens wirklich besser gefühlt als in Zeiten, wo ich normal aß.

Einige körperliche Beschwerden sind auf unsere Ernährung zurückzuführen, die viel weißen Zucker und Koffein enthält. Weil ich nie Kaffee und nur wenig Tee oder Cola getrunken habe, hatte ich bei meinem vierzigtägigen Fasten keine Probleme mit Kopfschmerzen, Schwindelgefühlen oder ähnlichem.

Wenn man mehrere Tage gefastet hat, kann Schwindel auftreten, wenn man z.B. plötzlich schnell von einem Stuhl aufsteht. Man sollte dann für ein oder zwei Sekunden ruhig bleiben, sich erholen und sich dann langsam weiterbewegen. Kopfschmerzen oder leichter Schwindel können auch durch Gifte im Dickdarm verursacht werden. (Diese Beschwerden können auch Symptome anderer Ursachen sein, die ärztliche Behandlung erfordern.) Ärzte empfehlen einen Eßlöffel Psylliumpulver abends und morgens, um die Ausscheidung der Gifte zu beschleunigen und so zumindest bei gesunden Menschen Kopfweh und Schwindelgefühle zu verhindern.

Während des Fastens können wegen Giften in der Blutbahn oft auch Schläfrigkeit und geistige Überaktivität auftreten. Gebet, Nachdenken über Gottes Wort und ein schöner, langsamer Spaziergang sollten hier Abhilfe schaffen.

Es kann sein, daß Sie abnehmen, besonders bei längerem Fasten. Aber sehr wahrscheinlich erreichen Sie Ihr altes Gewicht wieder. Die Ernährungswissenschaftlerin Pamela Smith sagt: „Der Stoffwechsel hat sich als Reaktion auf das Fehlen von Nahrung sehr verlangsamt und wird nach dem Fasten schnell große Mengen Nahrung anlegen. Deshalb holt man das beim Fasten verlorene Gewicht rasch wieder auf. [3]

Kein Fasten ist genau wie das andere. Vielleicht haben Sie während eines Fastens Kämpfe durchzustehen, die beim nächsten Mal nicht mehr auftreten. Wie groß die Schwierigkeiten sind, die bei Ihnen auftreten, scheint von Ihrer geistlichen und körperlichen Verfassung zur gegebenen Zeit abzuhängen.

Wie lang sollte man fasten?

Das Neue Testament gibt uns keine klaren Anweisungen, wie lange wir zu geistlichen Zwecken fasten sollen. Wenn Sie noch nie gefastet haben, dann würde ich Ihnen empfehlen, langsam anzufangen. Sie merken dann, was auf Sie zukommt und können beim nächsten Mal die Fastendauer erhöhen. Lassen Sie zuerst ein oder zwei Mahlzeiten ausfallen, fasten Sie dann 24 Stunden, schließlich zwei, drei Tage usw. Eine grobe Regel ist, daß man nicht mitten im seelischen Kampf um die Nahrung aufgeben soll und daß man dem Heiligen Geist genug Zeit lassen soll, sein inneres Werk in uns zu tun.

Gott kennt Ihre Situation. Seine Weisheit ist unendlich groß. Er möchte, daß Sie lernen zu fasten. Wenn Sie wenig über das Fasten wissen, aber sich „geführt fühlen", ein längeres Fasten durchzuführen, dann ist es vielleicht gar nicht die Stimme des Heiligen Geistes. Er wird Sie nicht in etwas hineinführen, das bei Ihnen möglicherweise gesundheitliche Probleme verursacht oder Ihrem Glauben an ihn schadet.

Wenn man länger fastet, ist es besonders wichtig, daß man eine günstige Zeit dafür wählt. Als ich nach der besten Möglichkeit suchte, um 40 Tage zu fasten, mußte ich einige Veränderungen in meinem Terminkalender vornehmen. Vielleicht können Sie sogar ohne größere Unterbrechungen Ihrer Arbeits- oder Lebensgewohnheiten längere Zeit fasten. Aber warten Sie nicht auf eine ideale Zeit. Wenn der Heilige Geist Ihr Herz anrührt und Sie so führt, daß Sie fasten wollen, dann können Sie zu jeder Zeit fasten. Wenn Sie so beschäftigt sind wie die meisten Menschen und auf „die rechte Zeit" warten, dann kommen Sie wahrscheinlich nie dazu.

Lee Bueno rät: „Man kann eigentlich zu jeder Zeit ein kurzes Fasten von einem bis drei Tagen durchführen. Wenn Sie von Freitagabend bis Montagmorgen fasten, haben Sie das ganze Wochenende zum Ausruhen und Bibellesen. Eine andere ideale Zeit für ein Fasten ist während des Urlaubs." [4]

Ich empfehle nicht, an Weihnachten oder über Silvester/Neujahr zu fasten. Dies sind besondere Zeiten für die Familie, für Festessen und Gemeinschaft, und es wäre schwierig für Sie und vielleicht anstößig für Ihre Angehörigen, wenn Sie gerade an solchen Tagen fasten würden.

Soll ich anderen erzählen, daß ich faste?

Jesus gibt in Matthäus 6 Anweisungen für Fasten und Beten: *„Bete nicht wie die Heuchler! Sie bleiben gern in den Synagogen und an den Straßenecken stehen, um zu beten. Jeder soll es sehen. Ich sage euch: Sie haben von Gott nichts zu er-*

warten. Wenn du beten willst, gehe in dein Zimmer, schließe die Tür hinter dir zu, und bete zu deinem Vater. Und dein Vater, der deine geheimsten Gedanken kennt, wird dich erhören. Leiere deine Gebete nicht herunter wie Leute, die Gott nicht kennen. Sie meinen, Gott würde schon antworten, wenn sie nur viele Worte machen. Nein, euer Vater weiß genau, was ihr braucht, noch ehe ihr ihn um etwas bittet." (Matthäus 6,5-8)

"Fastet nicht wie die Scheinheiligen! Sie setzen eine wehleidige Miene auf, damit jeder merkt, was ihnen ihr Glaube wert ist. Das ist dann auch der einzige Lohn, den sie je bekommen werden. Wenn du fastest, dann pflege dein Äußeres so, daß keiner etwas von deinem Verzicht merkt außer deinem Vater im Himmel. Dein Vater, der jedes Geheimnis kennt, wird dich belohnen." (Matthäus 6,16-18)

Einige sagen, daß es nach diesem Text falsch sei, andere wissen zu lassen, daß man fastet. Aber Jesus spricht zu den heuchlerischen Pharisäern, die Gebet und Fasten zu einem Ritual machten und damit angaben, um ihre Frömmigkeit zur Schau zu stellen.

Jesus verbietet uns in diesem Text nicht, anderen zu erzählen, daß wir fasten. Vielmehr sagt er: „Gebt nicht damit an und meint nicht, deshalb etwas Besseres zu sein. Fasten ist nicht dazu da, daß Ihr zeigt, wie geistlich Ihr seid, oder daß Ihr Eigenruhm erlangt."

Ich möchte betonen, daß Fasten uns nicht zu einer geistlichen Elite macht. Es schafft eher einen demütigen Geist in uns. Das erste, was beim Fasten geschieht, ist, daß wir uns selbst vor Gott demütigen. Wenn wir mit reinem Herzen fasten, werden wir auch anderen in demütiger Haltung erzählen, daß wir fasten. Wir werden schon den Gedanken, uns selbst zu loben, verabscheuen.

Ich glaube, daß Fasten im Verborgenen, nur um des Verborgenen willen, eine Lüge des Teufels ist. Satan möchte nicht, daß wir fasten. Er hat die Kirche über all die Jahrhunderte weitgehend davon abgehalten. Man fragt sich, wie ihm das gelungen ist, wo es doch so wichtig ist für ein lebendiges Christsein.

Da Fasten und Beten eines der kraftvollsten Werkzeuge ist, über das Christen verfügen, sollten sie die Freiheit haben, offen zu fasten. Wie anders können sie Vorbilder sein und schwache Christen in dieser geistlichen Disziplin anleiten? Wie können sie Fasten so vorantreiben, daß es weite Kreise erfaßt, wie es damals in Orlando der Fall war, als sich hunderte der geistlichen Leiter Amerikas drei Tage lang zum Fasten und Beten für unser Land versammelten?

Wenn wir unser Gebet auf das „Kämmerlein" beschränken würden, gäbe es in unseren Gemeinden keine Gebetsstunden. Ich möchte Christen dazu ermutigen, gemeinsam und in großen Scharen in ihren Gemeinden zu fasten und zu beten und dadurch andere zu inspirieren.

Wenn wir unser Fasten bekanntwerden lassen, um damit unseren Glauben, unsere Liebe zu Christus und unseren Wunsch, ihm zu gefallen, bezeugen, dann ist es gut. Gott hat nur dann Mißfallen daran und kann uns nicht segnen, wenn wir fasten, damit wir von den Menschen gesehen und gelobt werden - wie es bei den Pharisäern der Fall war.

Wenn Sie fasten, sollten Sie die Menschen, denen Sie es erzählen, sorgsam auswählen. Einige werden versuchen, Sie davon abzubringen. Erwarten Sie nie, daß Menschen, die nicht fasten, Sie dazu ermutigen. Am meisten kann es einen demoralisieren, wenn Freunde oder Familienmitglieder das Fasten mißbilligen. Auch kann es einem besonders den Mut nehmen, wenn der Arzt oder der Pastor Bedenken äußern. Bevor ich begann, 40 Tage zu fasten, hat mich niemand dazu ermutigt. Und einige Freunde hatten schwere Bedenken wegen meiner Gesundheit und meines Wohlergehens.

Besprechen Sie mit Ihren Angehörigen, mit denen Sie zusammenleben, wann Sie fasten werden. Ihr Ehepartner, Ihre Eltern oder Ihr Zimmerkollege haben ein Recht, es zu wissen, und vielleicht brauchen Sie ihre Unterstützung. Sie müssen es vielleicht auch Ihrem Chef oder Ihren Arbeitskollegen mitteilen, wenn diese Sie zum Essen einladen wollen.

Wie man das Fasten beendet

Wenn die Zeit, die Sie sich für das Fasten gesetzt hatten, vorbei ist, werden Sie wieder mit dem Essen beginnen. Dabei ist es für Ihr körperliches und geistliches Wohlergehen wichtig, daß Sie dabei richtig vorgehen!

Sie sollten das Fasten stufenweise beenden, dann werden die körperlichen und geistlichen positiven Auswirkungen tagelang andauern. Aber wenn Sie sofort beim Essen kräftig zulangen - und die Aussicht auf Nahrung kann Sie dazu führen! - kann es zu Durchfall, Übelkeit, Schwindel und sogar zum Tod durch Schock kommen. Dies gilt besonders bei einem längeren Fasten.Der Ernährungswissenschaftler Paul Bragg erklärt das so: „Wenn Sie ... gefastet haben, haben sich Ihr Magen und der über neun Meter lange Darmtrakt zusammengezogen, und deshalb sollten Sie, wenn es soweit ist, Ihr Fasten sehr sorgfältig beenden." [5]

Wenn Sie plötzlich wieder feste Nahrung in Ihren Magen und Verdauungstrakt aufnehmen, kommt es immer zu Abwehrreaktionen. Sie können während einer einzigen Mahlzeit das innere Gefühl des Friedens und Wohlbefindens weitgehend verlieren.

Dr. Julio Ruibal empfiehlt, ein Wasserfasten mit Obst zu beenden. „Das beste ist Wassermelone", sagt er. „Orangen müssen wegen der Säure verdünnt werden." Für ein Saftfasten macht er folgende Vorschläge: Ein Saftfasten sollte mit einem Rohkostsalat am ersten Tag beendet werden. Am zweiten Tag kann man zu seinem Rohkostsalat eine gekochte Kartoffel essen. Nehmen Sie kein Salz, keine Butter und keine Gewürze. Am dritten Tag können Sie zu Ihrem Salat und der Kartoffel ein gedämpftes Gemüse essen. Dann können Sie wieder Ihrem normalen Speiseplan folgen.

Dr. Ruibal warnt davor, sich nach einem Fasten „vollzufressen". „Schlingen Sie nichts hinein. Sie können sich auf diese Weise tatsächlich umbringen. Ihr Darm könnte sich so ungünstig verschlingen, daß Sie ins Krankenhaus müssen." [6]

Selbst ein dreitägiges Fasten erfordert gewisse Vorsichtsmaß-
nahmen. Es ist weise, mit einer kleinen Suppe anzufangen - dünn
und nahrhaft, wie z.B. Gemüsebrühe aus Zwiebel, Sellerie, Kartoffeln und Karotten - und frischem Obst wie Wassermelone oder
Honigmelone.

Wenn Ihr Körper dieses Essen verträgt, können Sie ein paar Eßlöffel feste Speise essen, wie z.B. rohes Obst und Gemüse oder
einen rohen Salat und Pellkartoffeln. Milch und Milchprodukte
sowie Fleisch empfehle ich nicht, weil einige Menschen nach dem
Fasten dadurch Antireaktionen bekommen können. Nach ein paar
Stunden dürfen Sie eine weitere kleine Mahlzeit einnehmen. Das
Ziel ist, durch mehrere kleine Mahlzeiten in den ersten paar Tagen
wieder zum normalen, regelmäßigen Essen zurückzukommen. Dies
erfordert zwar einige Disziplin, aber Sie vermeiden dadurch heftige Schmerzen und ernste körperliche Reaktionen, die auftreten
können, wenn man zu früh zuviel ißt.

Ich beendete mein vierzigtägiges Fasten, indem ich mehrere Tage
lang alle paar Stunden eine Tasse Suppe und anschließend kleine
Portionen Wassermelone und anderes Obst aß. Danach konnte ich
mich wieder nach meinem normalen Speiseplan richten. Sie können sich vorstellen, daß diese Tasse Suppe und die ersten Bissen
Obst ein Fest waren! Nie zuvor hatte mir ganz normales Essen so
gut geschmeckt.

Wie man mit Versagen umgeht

Zu jedem Fasten gehören Kämpfe, Unwohlsein, geistliche Siege
und Versagen. Am Morgen fühlen Sie sich vielleicht in Bestform,
aber am Abend kämpfen Sie mit sich und sind schwer versucht,
den Kühlschrank zu plündern, oder Sie zählen, wieviele Tage Sie
noch vor sich haben. Dies ist besonders dann der Fall, wenn Sie
noch unerfahren im Fasten sind. Gehen Sie ein paar Schritte vor
die Tür und atmen Sie frische Luft, oder machen Sie einen kurzen
Spaziergang.

Seien Sie nicht entmutigt, wenn Sie es beim ersten Fasten noch nicht schaffen. Ein Fasten abzubrechen bedeutet vielleicht nur, daß Sie Ihr erstes Fasten zu lang angesetzt haben, oder daß Sie Ihr Verständnis vertiefen oder Ihre Entschlußkraft stärken müssen. Führen Sie so bald wie möglich wieder ein Fasten durch, bis es Ihnen gelingt.

Erwarten Sie eine Veränderung bei sich

Keine zwei Menschen werden bei einem Fasten die gleichen Erfahrungen machen, weil sie nie genau mit den gleichen Voraussetzungen und Bedürfnissen beginnen. Aber wenn Sie sich vor Gott demütigen in Buße, Fürbitte und Lobpreis und beständig über sein Wort nachdenken, dann werden Sie ein verstärktes Bewußtsein seiner Gegenwart erfahren. Ihr Vertrauen und Ihr Glaube an Gott werden gestärkt werden, und Sie werden sich geistig, geistlich und körperlich erfrischt fühlen. Mein Fasten wurde zum größten geistlichen Segen von längerer Dauer in meinem ganzen Leben.

Die meisten Menschen erleben als Folge des Fastens ein Sück Erweckung. Aber genau wie wir täglich neu vom Heiligen Geist erfüllt werden müssen, brauchen wir auch neue Zeiten des Fastens vor Gott. Ein einziges Fasten ist kein geistliches Allheilmittel. John und Charles Wesley sprachen sich für zwei Fastentage pro Woche aus, „um das Fleisch unten zu halten" und um die Nähe zu Gott, die das Fasten mit sich bringt, zu erhalten.

Ich möchte Sie dazu ermutigen, immer und immer wieder zu fasten und zu beten, bis wir wirklich Erweckung erleben - in unseren Familien, in unseren Kirchen, in unserem Volk und in der Welt.

11. Kapitel
AM SCHEIDEWEG

*I*n den über fünfzig Jahren, die ich jetzt mit Gott lebe, lag mir die geistliche Situation unseres Volkes noch nie so stark am Herzen wie jetzt. Überall sind Bürger - und vor allem Christen - tief besorgt über das viele Böse, das in unserem Land geschieht.

Wir leben heute im schwierigsten Abschnitt unserer Geschichte. Menschlich gesehen gibt es keinen Ausweg aus diesem moralischen Irrgarten. Keine unserer Institutionen gibt uns einen Funken Hoffnung: sei es die Regierung, das Bildungswesen, das Gerichtswesen, die Wissenschaft, die Wirtschaft, die Medien, das Militär oder die Kirche.

Als einzelne Christen und als Kirche machen wir es uns gerne gemütlich. Wir sind so materialistisch eingestellt und geistlichem Leben gegenüber so gleichgültig, so gebeutelt durch Skandale, daß die säkulare Gesellschaft kaum einen Unterschied zwischen Christen und dem Rest der Welt erkennt.

Den meisten Christen ist das Bewußtsein, daß Gott heilig ist, abhanden gekommen, und die Wirklichkeit Gottes beeinflußt ihr alltägliches Leben wenig. Wenn Gott nicht eingreift und Erweckung schenkt, werden die Christen Amerikas mitsamt dem übrigen Volk Schiffbruch erleiden.

Unsere Zukunft sieht keineswegs rosig aus. Die Worte des Präsidenten Abraham Lincoln gelten heute noch mehr als damals am 30. April 1863, als er einen landesweiten Tag des Fastens, Betens und der Buße ausrief:

„Wir haben Gottes Güte in überschwenglichem Maß erfahren. Er hat uns über viele Jahre Frieden und Wohlstand geschenkt. Wie kein anderes Volk haben wir an Zahl, Reichtum und Einfluß zugenommen. Aber wir haben Gott vergessen. Wir haben die gnädige Hand vergessen, die uns den Frieden erhalten hat, uns mit zahlenmäßigem Wachstum, Reichtum und Stärke beschenkt hat. Und in unseren betrügerischen Herzen haben wir fälschlicherweise gedacht, daß all diese Segnungen durch unsere eigene Weisheit und Tugend hervorgebracht worden sind. Im Rausch unseres ungebrochenen Erfolges sind wir zu selbstherrlich geworden, um die Notwendigkeit der erlösenden und erhaltenden Gnade zu erkennen, zu stolz, um zu dem Gott, der uns erschaffen hat, zu beten! Es geziemt sich deshalb, daß wir uns vor der so mißachteten Macht demütigen, die Sünden unseres Volkes bekennen und um Nachsicht und Vergebung bitten."

Amerika war damals an einem Scheideweg, so wie heute. Der Autor John Price formuliert es so: „Der Untergang Ninives könnte sich heute leicht in den Vereinigten Staaten ereignen." [1]

Gott möchte Erweckung

Ich glaube, daß Gott unser Volk schonen möchte, und ich bin zuversichtlich, daß er Amerika und der Welt eine große Erweckung schenken wird. Gott rührt die Herzen vieler einflußreicher Christen im ganzen Land an, wie er auch meines angerührt hat. Er überführt seine Leute, zeigt ihnen ihre Sünde und die Sünden ihres Landes und bereitet sie so auf die kommende Erweckung vor.

Pat Robertson schreibt in seinem Buch „The Turning Tide" (Der Wechsel der Flut), daß die Zeit für eine drastische Umkehr gekommen ist. Er sagt, daß die Herzen der Menschen sich danach sehnen, zu den Werten zurückzukehren, die Amerika groß werden ließen. Er schreibt:

„Wir sind in unserer Geschichte an einem Punkt angekommen, den wir mit keinem vorherigen vergleichen können - einer Zeit, in der die Möglichkeiten für eine positive Veränderung so groß sind wie nie zuvor. Mitten in politischen Unruhen und Unzufriedenheit erleben wir eine Erneuerung - eine Erneuerung persönlicher Werte und Glaubenseinstellungen, die dieses Volk durch die Geschichte hindurch erhalten haben." [2]

Während der besonderen Tage des Fastens und Betens in Orlando sprach Robertson zu den versammelten Leitern und sagte: „Gott besucht die Erde. Ich habe nie eine solche Reaktion auf das Evangelium erlebt wie in diesen Tagen. Es ist eine unglaubliche Zeit geistlichen Hungers in der Welt."

David McKenna, der Autor von „The Coming Great Awakening" (Die kommende große Erweckung) erlebt einige Aufbrüche an amerikanischen Hochschulen, die - wie er glaubt - bis zum Jahr 2000 zu einer Erweckung führen werden. [3]

Nur wenige scheinen fassen zu können, wie leicht Gottes Feuer der Erweckung sich auf der ganzen Welt ausbreiten wird, aber vergangene Erweckungen haben gezeigt, wie mächtig Gott wirklich ist.

Was die Erweckung bewirkt

Die Erweckung wird bei Gottes Volk beginnen, aber dann werden sich wie nie zuvor überall Scharen von Nichtchristen Christus zuwenden - in der Regierung, im Bildungswesen, in den Medien, in Hollywood. Das ist das Wesen echter Erweckung. Sie läßt sich nicht durch Kirchenmauern zurückhalten.

Menschen werden ein neues Bewußtsein der Heiligkeit Gottes und seiner anderen Eigenschaften gewinnen, werden Gott wieder wirklich loben und Hunger nach seinem Wort haben. Sie werden mit neuer Begeisterung an der Erfüllung des Missionsauftrags mitarbeiten und anderen von unserem Herrn Jesus Christus und der guten Nachricht von Gottes Liebe und Vergebung erzählen. Denn wenn eine Erweckung nicht zu verstärkter Evangelisation führt, ist sie keine wahre Erweckung. Wir werden auch neues Interesse an sozialen Fragen und Versöhnung unter den Völkern erleben. Wenn Erweckung kommt, werden Christen in der Gesellschaft größeren Einfluß ausüben. Fasten und Beten werden zu folgenden Ergebnissen führen:

● Christen werden in ihrem persönlichen Leben, in ihren Familien, Gemeinden und allen anderen Beziehungen die übernatürliche Liebe Gottes zeigen.

● Sie werden aktiv daran mitarbeiten, daß jedes Element unserer Gesellschaft, auch der Staat, wieder zu den biblischen Werten (der Gründungsväter) zurückgeführt wird.

● Sie werden aufhören, Unmoral zu unterstützen, indem sie Filme, Videos und Fernsehsendungen meiden, die unmoralischen Sex verherrlichen, und zu den biblischen Werten echter Liebe zurückkehren.

● Sie werden Einfluß auf die Medien nehmen, indem sie weltliche Herausgeber und Produzenten ermutigen, ein faires und ganzheitliches Bild der Gemeinde Jesu Christi zu vermitteln.

● Sie werden christliche Organisationen unterstützen, deren Ziel es ist, unsere lebenswichtigen Freiheiten wiederherzustellen.

● Sie werden Politiker wissen lassen, wofür sie eintreten, und werden versuchen, solche Menschen in öffentliche Ämter zu wählen, die aufrichtig leben und für eine gesunde Moral eintreten.

Wie die Erweckung kommen wird

Eine solche Erweckung ist ein Handeln des allmächtigen Gottes - wenn Christen Gottes Bedingungen erfüllen und auf das Wirken des Heiligen Geistes eingehen.

Ich glaube, daß drei Dinge geschehen müssen, bevor diese Erweckung stattfinden kann:

Erstens müssen christliche Leiter eine Glaubenssicht dafür bekommen. Sie müssen einen bedeutenden Beitrag leisten und ihren Gemeinden den Ruf des Heiligen Geistes übermitteln. Ich glaube, daß es die Aufgabe der Pastoren ist, ihre Leute zur Buße zu führen - durch ihr persönliches Vorbild und durch die Verkündigung. Joel ruft:

„Umgürtet euch und klagt, ihr Priester, heulet, ihr Diener des Altars! Kommt, behaltet auch im Schlaf das Trauergewand an, ihr Diener meines Gottes! Denn Speisopfer und Trankopfer gibt es nicht mehr im Hause eures Gottes. Sagt ein heiliges Fasten an, ruft die Gemeinde zusammen! Versammelt die Ältesten und alle Bewohner des Landes zum Hause des Herrn, eures Gottes, und schreit zum Herrn: O weh des Tages! Denn der Tag des Herrn ist nahe und kommt wie ein Verderben vom Allmächtigen." (Joel 1,13-15)

Wir brauchen vollmächtige Diener Gottes, die sich nicht davor scheuen, ihre Leute zur Buße zu rufen - selbst wenn dies mit großen persönlichen Opfern für sie verbunden ist.

Aber auch andere christliche Leiter sollten entschieden die Sache Gottes vertreten: Medienleute, Leiter christlicher Organisationen, Evangelisten und einflußreiche Laien.

Zweitens müssen Gottes Leute dem Ruf zur Buße, zum Fasten und Beten große Beachtung schenken. Wie bereits gesagt, ist die Verheißung, daß eine Erweckung kommen wird, an eine Bedingung geknüpft. Bevor Gott seine richtende Hand von Amerika (oder Ihrem Land) zurückzieht, müssen die innerlich angesprochenen Christen sich zuerst demütigen und in Fasten und Beten sein Angesicht suchen, wie er es in 2. Chronik 7,14 anordnet.

Weil Fasten eine biblische Methode ist, sich zu demütigen, ist es die einzige geistliche Disziplin, durch die wir all die genannten Bedingungen erfüllen können.

Es steht uns nicht frei, ob wir diese Bedingung erfüllen wollen. Gott sagt in seinem Wort ganz klar:

„Wenn ihr mir gehorcht, werde ich euch segnen; wenn ihr mir nicht gehorcht, werde ich euch strafen; wenn ihr dennoch weitersündigt, werde ich euch vernichten."

Dies geschah wiederholt im Leben Israels. Als Abraham für Sodom eintrat, versprach Gott, er würde die böse Stadt schonen, wenn es wenigstens zehn Gerechte dort gebe (1. Mose 18,32). Aber Gott konnte nicht einmal diese zehn Gerechten in der Stadt finden! Nur Lot und seine Familie wurden verschont und konnten aus der brennenden Stadt fliehen. Wir sollten uns dies zur Warnung dienen lassen.

Würden wir etwas Ähnliches sehen, wenn wir einmal den Vorhang zurückschieben und in die Zukunft blicken könnten? Der Geist des Antichristen beherrscht fast jede öffentliche Einrichtung. Wir sind nicht länger „ein Volk unter Gott, unteilbar, mit Freiheit und Gerechtigkeit für alle". In meinen Augen ist die Bosheit, die in unserer Zeit das Land überflutet, ein Gericht Gottes, und wenn nichts geschieht, wird dieses Gericht uns zerstören. England, das einst eine Bastion christlichen Glaubens und Lebens war und von allen Völkern der Welt am meisten Mission betrieben hat, hat jetzt Mühe, in dem sehr kleinen christlichen Segment der Bevölkerung echte Christen zu finden. [4]

Gott ruft sein Volk zur Erweckung. Das Wort aus Joel 2,12-13 gilt heute noch genauso wie zu Zeiten des Propheten:

„Doch auch jetzt noch", spricht der Herr, „bekehret euch zu mir von ganzem Herzen mit Fasten, mit Weinen, mit Klagen! Zerreißet eure Herzen und nicht eure Kleider und bekehret euch zu dem Herrn, eurem Gott!" Denn er ist gnädig, barmherzig, geduldig und von großer Güte, und es gereut ihn bald die Strafe.

In Jesaja 31,21 sagt Gott: *„Deine Ohren werden hinter dir das Wort hören: Dies ist der Weg; den geht! Sonst weder zur Rechten noch zur Linken!"* Jeder, der hören will, kann deutlich den Ruf zu Umkehr, Fasten und Beten hören.

Drittens muß der Heilige Geist dem Volk seine Sünde bewußtmachen. Ohne die überführende Kraft des Heiligen Geistes ist Erweckung nicht möglich. Jesus sagte: *„Wenn er (der Heilige Geist) kommt, wird er der Welt die Augen auftun über die Sünde und über die Gerechtigkeit und über das Gericht."* *(Johannes 16,8)* Wenn Christen sich vor Gott demütigen, wird der Heilige Geist Menschen ihre Sünden bewußtmachen, sie zur Umkehr führen, seinem Volk Heilung schenken und unser Land wieder segnen.

Es gibt Tausende von Beispielen, die Gottes Antwort auf unsere Umkehr und unser Gebet illustrieren. Dazu gehört auch die Begebenheit, die sich neulich bei einer Jugendfreizeit in Kalifornien ereignete. Nachdem die Freizeitleiter eine Zeitlang demütig gebetet hatten, wirkte der Heilige Geist während einer Abendveranstaltung deutlich unter den jungen Leuten. Viele weinten wegen ihrer Sünden; einige fanden zur Gewißheit des ewigen Lebens; Nichtchristen nahmen Jesus in ihr Leben auf; viele versöhnten sich miteinander, und andere entschieden sich für den vollzeitlichen christlichen Dienst. Die Veranstaltung dauerte bis spät in die Nacht. Die jungen Leute und ihre Leiter erlebten durch diese Erweckung neue Kraft und Frische in ihrem geistlichen Leben.

Zwei Schritte, dem Ruf Gottes Beachtung zu schenken

 Gebet für Verantwortungsträger

Pat Robertson sagt: „Wir mögen von den Liberalen ins Lächerliche gezogen werden, aber dennoch sind wir es, die das Gericht von unserem Land abhalten." [5] Fürbitte für unser Land ist ein wichtiger Bestandteil in diesem Prozeß.

Wenn Sie sich nun gedemütigt und Gott inständig um persönliche Erneuerung gebeten haben, dann beginnen Sie, für Ihr Land zu beten. Bekennen Sie die Sünden des Volkes vor Gott. Tun Sie Fürbitte für die, die von der Sünde versklavt sind. Weisen Sie im Namen Jesu die böse Gesinnung zurück, die das Volk immer mehr ergreift. Beten Sie für die Verantwortlichen Ihres Landes.

Dr. Charles Stanley, Pastor in Atlanta, Georgia, schlägt hier vor, wie man für die Verantwortlichen eines Landes beten kann:

● Beten Sie, daß die Verantwortungsträger in unserem Volk ihre eigene Sündhaftigkeit erkennen und die Notwendigkeit, daß Jesus Christus sie reinmachen will und kann.

● Beten Sie, daß sie ihre persönliche Unzulänglichkeit, ihre Aufgaben zu erfüllen, erkennen und daß sie Gott um Wissen, Weisheit und den Mut bitten, das Rechte zu tun.

● Beten Sie, daß sie allen Rat zurückweisen, der geistliche Prinzipien verletzt und daß sie Gott zutrauen, daß er sich zu ihnen stellt.

● Beten Sie, daß sie denen widerstehen können, die sie nötigen wollen, ihr Gewissen zu verletzen.

● Beten Sie, daß sie bereit sind, ihre eigenen ehrgeizigen Ziele und ihre politische Karriere zum Wohl des Volkes zurückzustellen, wenn es notwendig ist.

● Beten Sie, daß sie sich Tag für Tag auf das Gebet und das Wort Gottes als Quelle ihrer Kraft und Weisheit verlassen.

● Beten Sie, daß sie den Ämtern, in denen sie stehen, wieder Vertrauenswürdigkeit und Gerechtigkeit verleihen.

● Beten Sie, daß sie in ihrem Verhalten gute Vorbilder für das Volk sind.

● Beten Sie, daß sie erkennen, daß sie für die Entscheidungen, die sie treffen, vor dem allmächtigen Gott verantwortlich sind. [6]

Wenn unser Volk nicht von Grund auf, bis in die Gesetzgebung hinein, zu Gott zurückkehrt, wird eine bleibende Veränderung schwer möglich sein. Aber Sie können eine Veränderung bewirken. Mein Freund Arthur S. DeMoss sagte einmal: „Die Veränderung eines Volkes beginnt auf der persönlichen Ebene." [7] Ihr Fasten und Beten ist der Schlüssel für die kommende Erweckung.

Keiner braucht auf einen Leiter oder auf eine weltweite Erweckung zu warten, um persönliche Erneuerung zu erfahren. Gott wird Erweckung schenken, wenn in seinem Volk einer nach dem anderen seinem Ruf folgt und sich dem Geist Gottes ausliefert. „Selig sind, die da hungert und dürstet nach der Gerechtigkeit, denn sie werden satt werden." (Matthäus 5,6)

 2. Ein Gebet für Umkehr und Erneuerung

Gott, unser Vater, wir kommen vor deinen Thron, um uns zu demütigen und zu beten, dein Angesicht zu suchen und von unseren bösen Wegen umzukehren.

Wir haben gegen dich gesündigt, Herr. Wir haben deine guten Gebote mißachtet. Wir haben dich nicht von ganzem Herzen, ganzer Seele, ganzem Verstand und ganzer Stärke geliebt. Wir haben nicht unseren Nächsten wie uns selbst geliebt.

Vergib uns, Herr. Heile unser Land. Sende einen Geist der Buße. Laß ihn über unser Land wehen. Laß das reinigende Feuer der Erweckung in meinem Herzen und in deiner Gemeinde beginnen. Laß es sich über jeden Ort, jede Stadt, jedes Land und auf der ganzen Welt ausbreiten.

Wir beten für Gerechtigkeit. Reiße die bösen Wurzeln aus, die in unserem Leben schlechte Früchte bringen. Vater, wir bitten, daß auf allen Ebenen gottesfürchtige Menschen für öffentliche Ämter aufgestellt und gewählt werden und die gottlosen entfernt werden. Brich die Macht Satans über unsere Regierung und schenk uns eine gerechte Herrschaft. Möge dein Reich kommen und dein Wille geschehen, wie im Himmel, so auf Erden.

Wir beten inständig im Namen Jesu Christi und zu deiner Verherrlichung! Amen.

12. Kapitel
HOFFNUNG FÜR EUROPA

Die meisten westlichen Länder haben sich von Gott abgewandt. Damit ist ihre Situation mit der in Amerika durchaus vergleichbar. Als Folge davon sind viele von ihnen in eine geistliche Finsternis hineingeraten. Ich glaube fest, daß die einzige Hoffnung für diese Länder darin besteht, daß sie zu Gott zurückkehren. Es gibt Hoffnung für unsere Länder, für Europa und die Welt, wenn wir Gott wieder anerkennen und ihm dienen.

Der Mittelpunkt der Welt

Europa hat eine sehr vielfältige Geschichte und ein sehr reiches Erbe. Über viele Jahrhunderte beherrschte dieser Kontinent geografisch, wirtschaftlich, kulturell und geistlich die Welt. Die meisten unabhängigen Staaten Europas besaßen bis vor kurzem eigene Kolonien. Ungefähr die halbe Welt stand zeitweise unter der direkten Herrschaft europäischer Regierungen. Diese Macht und dieser Einfluß brachten wirtschaftlichen Wohlstand mit sich, und viele Jahrhunderte lang wurden die Reichtümer der Welt von den entferntesten Winkeln der Erde zu unseren Küsten geschifft.

Europa entwickelte sich zu einem blühenden kulturellen Zentrum. Eine reiche Vielfalt an Malern, Komponisten, Philosophen, Schriftstellern und Theologen ging daraus hervor. Auch geistlich war Europa international führend. In vielen Ländern in Übersee wurde durch den Einfluß europäischer Theologen und Missionare das Evangelium verbreitet. In jedem Lebensbereich verkörperte Europa den Mittelpunkt der Welt.

Von der Weltmacht zum Altersheim

Diese Situation hat sich drastisch geändert. Zwei Weltkriege markierten den Anfang einer völligen Veränderung von Europas stolzer Rolle in der Welt.

In diesem einen Jahrhundert wird Europa sich von einer einzigartigen Weltmacht, die den halben Erdkreis besaß, in ein reiches und bequemes Altersheim, das weniger als ein Zehntel der Weltbevölkerung ausmacht, verwandelt haben. Diese plötzliche Richtungsänderung hatte und wird auch in Zukunft eine erschütternde Wirkung auf den Kontinent, die einzelnen Länder und ihre Bewohner haben. Sie beeinflußt die Weise, wie wir das Leben sehen, besonders unsere Zukunft. Sie wirkt auf unsere Sicherheit, Gestaltungskraft, innere Stärke und unser Denken. Sie beeinflußt unsere Sicht von Macht und nicht zuletzt unsere Sicht von Gott.

Viele Anzeichen für innere Leere

Auf den ersten Blick scheint Europa zu gedeihen. Es vermittelt den Eindruck einer freien und ausgewogenen Gesellschaft. Aber wo schlägt Europas Herz eigentlich, wenn wir näher hinsehen? Führen die 350 Millionen Menschen in Westeuropa ein glückliches und erfülltes Leben? Fühlen sie sich sicher und geschützt? Haben sie Vertrauen in die Zukunft? (Ganz zu schweigen von der dramatischen Umbruchsituation der Völker Osteuropas!) Lassen Sie mich versuchen, diese Fragen anhand einiger enthüllender Tatsachen zu beantworten.

Ein EG-Ausschuß für medizinische Forschung schätzte, daß in den zehn Ländern, die anfangs die EG bildeten, jährlich 1,4 Millionen Selbstmordversuche gemacht wurden. Zudem wurde ermittelt, daß etwa fünf Prozent der Gesamtbevölkerung (also etwa 17,5 Millionen Menschen) wenigstens einmal versucht haben, sich selbst zu töten.

In einigen Ländern Europas werden heute mehr Ehen geschieden als geschlossen. Es ist sehr wohl möglich, daß am Ende dieses Jahrhunderts jede dritte Ehe durch Scheidung endet und dadurch Millionen von zerbrochenen Familien entstehen. Unzählige junge Leute wachsen ohne die Sicherheit eines liebevollen Zuhauses auf, was zu allen Arten von Problemen führt. Deshalb ist Scheidung ein Multiplikator der gesellschaftlichen Unbeständigkeit.

Ein anderes Zeichen, das die Leere in den Herzen der Europäer verrät, ist ihre Versklavung durch Drogen und Alkohol. Viele Menschen, die ihres alltäglichen Lebens überdrüssig sind oder aus der rauhen Wirklichkeit des Lebens aussteigen wollen, wenden sich dem Alkohol oder den Drogen zu. Der Verfall der sittlichen und gesellschaftlichen Werte in Westeuropa kommt auch darin zum Ausdruck, daß wir insgesamt mehr Geld für Alkohol als für Grundnahrungsmittel ausgeben.

Und Alkohol und Drogen erzeugen ihre eigenen Probleme: Verkehrsunfälle, kaputte Familien, Prostitution, Verbrechen - die alle einen unsagbaren Tribut menschlichen Elends fordern.

Und dann gibt es da noch das lebensbedrohende Problem der Umweltverschmutzung. Abwasser, Industrieabfall und -abgase werden in gewaltigen Mengen in unsere Gewässer und in die Luft abgegeben. Abermillionen von Autos verschmutzen die Luft, die wir atmen. Düngemittel, die zu höheren Ernteerträgen verhelfen sollen, vergiften den Boden. Europa hat keine gesunde Umwelt mehr. Bäume und Pflanzen, die lebenswichtige Bedeutung für den gesamten Lebenskreislauf haben, sterben. Viele schöne und geschichtsträchtige Bauten werden durch die Luftverschmutzung langsam zerstört. Die altertümlichen Bauwerke in Rom wurden in den letzten 25 Jahren mehr beschädigt als in den ganzen 2000 Jahren zuvor.

Wenn die Gebäude davon betroffen sind, muß bedacht werden, daß auch unser menschlicher Körper Schaden nimmt. Millionen von Europäern leiden unter schlechter Gesundheit und sterben sogar vorzeitig wegen der Umweltverschmutzung. Es wird geschätzt, daß bis zu 80 Prozent aller Krebsfälle und Herzkrankheiten dadurch hervorgerufen werden und daß bald jeder vierte Bewohner in einem der höher entwickelten Länder Krebs haben wird.

Geistlicher Hunger

All diese Probleme und Enttäuschungen und Ängste haben einen gewaltigen geistlichen Hunger in ganz Europa geweckt. Die Ernte ist tatsächlich sehr groß, aber weil anscheinend nur sehr wenige Arbeiter zur Verfügung stehen, suchen unzählige Menschen in der falschen Richtung nach Antworten.

Großbritannien erlebt zur Zeit den größten Okkultismusaufschwung seit Anfang dieses Jahrhunderts. Eine kürzlich in den Niederlanden durchgeführte Studie ergab, daß etwa fünfzig Prozent der Bevölkerung an okkulte Mächte glauben. Eine andere Studie im selben Land zeigte, daß nur jeder dritte Bewohner noch an einen persönlichen Gott glaubt. In Kiel wurde ein nationales okkultes Zentrum eingerichtet. In ganz Europa suchen die Leute verzweifelt Antworten in der Astrologie, in der Hypnose, in magischen und östlichen Religionen.

Ja, Europas Wohlstand und Glück ist nur oberflächlich. Sein Herz jedoch ist krank vor Leere, Unsicherheit, Furcht und Pessimismus. Die Zukunft birgt nicht viele Versprechen. Für viele Europäer ist das Leben ohne Hoffnung. Aber keine Gesellschaft kann ohne Hoffnung überleben. Jeder braucht Hoffnung, etwas, woran er glauben und wofür er leben kann. Wer bietet Europa diese Hoffnung an?

Große Kirchen - leere Bänke

Tausende von Kirchen gibt es in ganz Europa. Es ist schwierig, ein Dorf, geschweige denn eine Stadt zu finden mit nicht wenigstens einer Kirche im Ort. Dann sind da die vielen christlichen Institutionen: Universitäten, Schulen, Krankenhäuser und eine Vielzahl sozialer Gruppen und Organisationen. Aber macht das alles Europa zu einem christlichen Kontinent? Teilen die Christen in Europa die Gute Nachricht wirkungsvoll einer Gesellschaft mit, die sie dringend braucht? Bieten die Kirchen den Millionen Europäern, die in Verzweiflung leben, Hoffnung? Die Antwort muß ein lautes und deutliches Nein sein.

Die meisten Kirchen sind leer. Sie sind religiöse Denkmäler, die von früherem geistlichen Leben zeugen. Die Kirche in Europa hat ihre Einflußkraft auf die Gesellschaft verloren. In Wirklichkeit liegt die Kirche in Europa im Sterben.

Falls Sie diese Behauptung zu kraß finden, möchte ich die Statistik für sich selbst sprechen lassen. An einem gewöhnlichen Sonntag gehen nur drei bis fünf Prozent der europäischen Bevölkerung zur Kirche. Diese Zahl an sich könnte allein beeindruckend aussehen, aber sie bedeutet auch, daß 95 Prozent - das sind mehr als 300 Millionen Menschen - am gleichen Sonntag in keiner Kirche sind. Natürlich heißt das nicht zwingend, daß all diese Leute keine lebendige Beziehung zu Gott haben, aber es heißt auch nicht, daß der kleine Rest, der noch zur Kirche geht, tatsächlich mit Gott lebt.

Die Wahrheit ist, daß Europas geistlicher Bankrott alarmierend zunimmt. Millionen von Menschen sind aus der Kirche ausgetreten und finden das Christentum und die Kirche nicht mehr attraktiv.

Kalevi Lehtinen, ein international tätiger finnischer Evangelist, faßt die Situation so zusammen: „Für die Afrikaner und die Asiaten ist das Evangelium eine gute Nachricht. Für die meisten Europäer ist es weder gut, noch ist es eine Nachricht. Sie denken, daß das

Christentum hier ausprobiert wurde, aber nicht funktioniert hat." Ich denke, es ist viel dran an dieser Behauptung. Millionen von Europäern wollen nichts mit dem Christentum zu tun haben, weil sie es sich ganz falsch vorstellen.

Kleine Herde - großer Einfluß

Meiner Meinung nach ist dies das größte Drama, das sich heutzutage auf der Bühne Europas abspielt: Auf der linken Seite sehen wir eine Kirche, die kraftlos ist und im Sterben liegt und für die Menschen in Not keine Botschaft hat. Auf der rechten Seite der Bühne befinden sich die Millionen von Menschen, die sich von ihrer einzigen Hoffnung abgewandt haben, indem sie die Botschaft des Christentums als belanglos verworfen haben.

Wird die weltliche Mehrheit die kleine Schar von Christen, die auf diesem Kontinent übriggeblieben ist, weiterhin derart beeinflussen, daß sie immer noch kleiner und schwächer wird? Oder wird diese kleine Herde, so wie ein kleines bißchen Salz den Geschmack der ganzen Mahlzeit steigert, die riesige Zahl von Menschen in West- und Osteuropa beeinflussen?

Bedeutet die Tatsache, daß das Christentum in Westeuropa in einer solch kurzen Zeit so viel an Boden verloren hat, daß die kleine Schar hingegebener Christen gar keine Rolle mehr zu spielen hat? Selbstverständlich nicht - im Gegenteil!

Gott wirkt sehr gerne durch kleine Gruppen schwacher, von ihm abhängiger Menschen. Der Apostel Paulus hat recht, wenn er sagt: *„Denn gerade wenn ich schwach bin, bin ich stark." (2. Korinther 12,10b; Gute Nachricht)* Durch unsere Schwachheit kann Gott seine Werke tun und sich selbst verherrlichen.

Einige wenige hingegebene Christen reichen aus, um diesen Kontinent für Jesus Christus zu bewegen. Die Frage ist: „Wollen Sie einer von ihnen sein?" Lassen wir uns anstecken von der Vision

Bill Brights, um für unsere Länder und Völker einen Geist des Fastens und Betens, der Umkehr und Erneuerung von Gott zu erbitten!

Leo Habets, Schliengen (Markgräfler Land)

Diese Analyse wurde entnommen aus dem Buch „There is hope" (Es gibt Hoffnung; 1988) von Leo Habets, die Zahlen wurden aktualisiert. Übersetzung von Sabina Arbenz-Bucher, CH-Dorf/Schweiz

Leo Habets war bis 1985 Leiter der Arbeit von Campus für Christus in den Niederlanden, seinem Heimatland. Bis 1996 leitete er „Agape Europe", die westeuropäische Arbeit von Campus für Christus. Von 1996 an ist er federführend in einem Zusammenschluß von Verantwortungsträgern, die das Evangelium unter europäischen Führungskräften verbreiten wollen.

Anhang A

DURCH FASTEN UND GEBET GOTTES HANDELN ERWARTEN

Auszug aus einer Fastenpredigt

*F*asten, ein neu erwachender geistlicher Zweig am Baum der Gemeinde Jesu! Verzicht und Loslassen sind angesagt, um Neues zu gewinnen. Nur in leere Hände kann Gott Neues legen. Wer Neues erleben will mit Gott, muß Altes loslassen und abgeben.

Fasten heißt nicht Demonstration der Frömmigkeit (vgl. Matthäus 6,16-18), sondern es bedeutet, freiwillig auf verschiedene Lebensgewohnheiten zu verzichten: Nahrung, Schlaf, Alkohol, Fernsehen, Telefon, Begegnungen und Gespräche, Musik und Filme. Fasten löst Bindungen, befreit von materieller Macht. Gottes Geist ruft uns zum Fasten, zur Stille, zur Entleerung, um eine neue geistliche Erfüllung zu erfahren.

Fasten, eine hohe Schule zum Stillewerden vor Gott und vor sich selbst. Um Gottes und des Nächsten willen auf etwas Erlaubtes verzichten, um Kraft zu schöpfen, Unerlaubtes und Gefährliches zu meiden. Der Verzicht auf Nahrungsenergie kann geistliche Energie freisetzen. Vollmacht durch Ohnmacht! Hat Jesus nicht in Markus 9,29 und Matthäus 17,21 gesagt: „Diese Art fährt *nur* aus durch Fasten und Beten!"

Gottes Gedanken zum Fasten

Ein Fasten, das Gott gefällt, umfaßt mehr als nur unsere eigene religiöse Bedürfnis- oder Verzichtswelt. Fasten, wie Gott es haben will (nach Jesaja 58,1-14), sieht unter anderem folgendermaßen aus:

Laß los! Eine Hand, die sich öffnet, gibt frei.

Sie wird offen zur Versöhnung mit dem Nachbarn. Eine Hand, die sich dem Notleidenden öffnet, praktiziert Großzügigkeit. Wer festhält, um zu besitzen, wird verlieren: „Wer sein Leben behalten will, wird es verlieren, wer es aber verliert um meinetwillen, der wird es finden", so Jesus in Markus 8,35.

Laß los!, die du beschwerst.

Wer muß unter Ihren Belastungen leiden? Wen belasten Sie mit Ihren Anschuldigungen, mit Ihrer Unsachlichkeit, mit Ihren Halbwahrheiten und Ihren Verleumdungen?

Laß los!, die Du kränkst und quälst.

Wen bedrängen Sie mit Ihrer so gut gemeinten Frömmigkeit, mit Ihrem religiösen Gehabe, mit Ihrer sanften Gewalt und einem falschen schlechten Gewissen? Lassen Sie los und geben Sie Gott Raum. Er will und wird zu seiner Zeit verändern.

Reiß weg alle Last!

Jünger Jesu haben es nicht nötig, belastendes Material aufzuheben, denn sie leben von der Vergebung. Welche Anklagebriefe und welche Akten müssten wohl vernichtet werden, um diese Aufforderung zu erfüllen? „Wenn ihr den Menschen ihre Fehler vergebt, so wird euch Christus auch vergeben."

Brich dem Hungrigen dein Brot!

Eine Milliarde Menschen hungert - und noch mehr verhungern geistlich. Durch eigenen Verzicht können andere gesättigt werden. Die Urgemeinde machte folgendes: Wenn sie selbst nichts zum Verteilen hatte, dann fastete sie zwei Tage, um dann den Bedürftigen von dem Eingesparten abzugeben. Durch das Fasten werden wieder neue Mittel frei, um den Notleidenden zu helfen, und hier hat die Gemeinde Jesu einen großen Auftrag. Sind nicht häufig viel zu viele Gelder in Prestigebauten geflossen - aber der Hungrige wird nicht von Gebäuden satt! Das Evangelium sieht immer zuerst den Menschen, den lebendigen Tempel Gottes, aus lebendigen Steinen und nicht die toten Gebäude der Kirchen und Institutionen.

Den Elenden führe ins Haus!

Wer fastet, hat mehr Zeit und Möglichkeiten, Gastfreundschaft zu üben, sein Haus dem Mitmenschen zu öffnen. Die Gemeinde Jesu ist das sichtbare Haus Gottes, dort sollen Bedürftige Heimat finden. Im Fasten sehen wir den Elenden wieder, denn der eigene Mangel läßt uns solidarisch werden.

Wenn du einen nackt siehst, kleide ihn!

Armut, Nacktheit, Erbärmlichkeit, sie begleiten uns Menschen. Fasten bedeutet, einem anderen die Blöße zu nehmen, indem wir ihn äußerlich und innerlich bekleiden. Wie schnell entziehen wir uns von unserer Verantwortung gegenüber unseren Mitmenschen.

Das ist ein Fasten, das Gott gefällt! Und er hat seinen Segen an die genannten Bedingungen geknüpft. Seine Zusagen sind enorm:

„Dann strahlt euer Glück auf wie die Sonne am Morgen, und eure Wunden heilen schnell. Eure guten Taten gehen euch voraus, und meine Herrlichkeit folgt euch als starker Schutz. Dann werdet ihr zu mir rufen, und ich werde euch antworten; wenn ihr um Hilfe schreit, werde ich zu euch sagen: ‚Hier bin ich!'" (Vers 8 und 9, Gute Nachricht)

Eine weitere Besinnung steht mitten in der Verheißung: „Wenn ihr aufhört, andere zu unterdrücken, mit dem Finger spöttisch auf sie zu zeigen und schlecht über sie zu reden."

Das schlechte Reden über andere ist die totbringende Seuche der Gemeinde Jesu! Geschwätz über andere, Vermutungen und Unterstellungen verseuchen die Beziehungen. Häufig wird Sünde und Schuld anderer, die schon längst von Gott vergeben wurde, weitergetragen. Praktisches Fasten bedeutet, mit dem (falschen) Gerede über andere aufzuhören!

„Dann wird der Hungrige dein Herz finden." Keine Kollekte, kein Almosen - der Hungrige braucht unser Herz, unsere ganze Persönlichkeit! Wenn wir fasten, tun wir es mit ganzem Herzen, und wenn wir uns einem Menschen zuwenden, dann mit ganzer Persönlichkeit!

„Ich, der Herr, werde euch immer und überall führen, auch in dürrem Land werde ich euch sattmachen und euch meine Kraft geben."

Von Gott geführt zu werden in den persönlichen und gemeindlichen Schritten ist ein Privileg der Kinder Gottes - Gottes Führung in dürrem Umfeld einer notvollen Welt, im Fasten von Gott gesättigt zu werden und Kraft zu schöpfen durch seinen Geist.

„Ihr werdet wie ein Garten sein, der immer genug Wasser hat und wie eine Quelle, die niemals versiegt."

Blühendes, wachsendes, fruchtbares Leben hat Gott zugesagt denen, die ein Fasten üben, das ihm gefällt!

Jesus verspricht:

„Wer an mich glaubt, wie die Schrift sagt, von dessen Leibe werden Ströme lebendigen Wassers fließen." (Johannes 7, 37-39)

Das Leben des Fastenden entleert sich, damit Gott überfließend füllen kann.

„Was seit langem in Trümmern liegt, werdet ihr wieder aufbauen, auf den alten Fundamenten werdet ihr alles von neuem errichten. Man wird euch das Volk nennen, das die Lücken in der Stadtmauer schließt und die Stadt wieder bewohnbar macht."

Haben nicht die „Trümmerfrauen" nach dem Krieg unsere Städte wiederaufgebaut? Die, die da fasten und beten, sind beauftragt, auf dem bewährten Fundament - Jesus Christus - wieder aufzubauen. Gottes Antwort auf das Fasten seiner Kinder lautet: Aufbau, Erneuerung, Erweckung. Wo sind sie, die geistlichen „Trümmerfrauen und -männer", die den Aufbau der Gemeinde Jesu voranbringen?

Wollen *Sie* eine dieser Personen sein?

Pastor Arno Kawohl, Giessen

Anhang B

WIE MAN SEINE GEMEINDE IM FASTEN ANLEITEN KANN

Die meisten Christen sind zum Fasten bereit, wenn sie in rechter Weise motiviert und angeleitet werden. In diesem Buch hat Dr. Bright über die geistlichen und körperlichen Aspekte des Fastens und Betens geschrieben. Lassen Sie mich Ihnen nun aufzeigen, wie Sie Ihre Gemeinde zu einer gemeinsamen Fasten- und Gebetszeit versammeln können.

 1. Bereiten Sie Ihre Gemeinde innerlich auf ein Fasten vor.

Erläutern Sie den geistlichen Nutzen des Fastens und erklären Sie, warum Ihre Gemeinde gemeinsam fasten sollte: Zeigen Sie von der Bibel her auf, wie die Gläubigen fasteten, um Richtung, Schutz, Befreiung oder geistliche Ausdauer zu bekommen. Teilen Sie der Versammlung die besonderen Nöte Ihrer Gemeinde, Ihrer Stadt oder Ihres Volkes mit.

Ein Fasten und Beten der ganzen Gemeinde sollte immer vom Pastor und den Verantwortlichen der Gemeinde begonnen und geleitet werden. Einzelne Christen sollten hier nicht im Alleingang handeln. Nicht jede Not oder Krise erfordert ein Gemeindefasten, aber es wird bestimmte Anlässe geben, wann gemeinsames Fasten erforderlich ist.

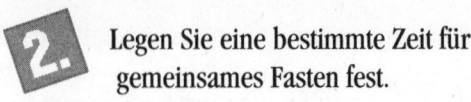

2. Legen Sie eine bestimmte Zeit für gemeinsames Fasten fest.

Vielleicht wählen Sie ein bis drei Tage oder eine Woche, ganz wie Gott Sie dabei führt. Es ist für den Anfang besser, sich eine kürzere Zeit vorzunehmen. Ich empfehle Ihnen, diese besondere Zeit am Sonntag zu beginnen. Halten Sie jeden Abend ein Treffen mit Fürbitte und Lobpreis ab. Sie können auch morgendliche Gebetsstunden halten. Viele Berufstätige haben dies wegen anderer Verpflichtungen vielleicht lieber. Vormittagstreffen und Treffen am frühen Nachmittag sind wahrscheinlich günstig für Eltern mit kleinen Kindern. Sorgen Sie in dem Fall für Kinderbetreuung. Bitten Sie die Gemeindeglieder, die für sie günstigsten Zeiten zu wählen. Ermutigen Sie sie, andere Aktivitäten möglichst ausfallen zu lassen, um sich in dieser Zeit ganz dem Fasten und Beten zu widmen.

 3. Geben Sie Ihrer Gemeinde klare Anweisungen.

Stellen Sie gutes Material über die geistlichen und körperlichen Aspekte des Fastens zur Verfügung. Erklären Sie, wann das Fasten beginnt, was währenddessen geschieht, und wie es beendet wird. Diese Informationen finden Sie z.B. in Kapitel acht bis zehn dieses Buches.

Die meisten Menschen würden fasten, wenn Sie verstünden, wie natürlich es für den Körper ist. Oft ist uns nicht nach Essen zumute, z.B. wenn wir eine Erkältung oder Fieber haben, oder wenn wir uns den Magen verdorben haben. Wenn wir übermüdet sind oder seelischen Schmerz empfinden, essen wir manchmal auch nichts. Aber unsere westliche Kultur hat uns eingeredet, daß freiwillige Enthaltsamkeit nicht gut ist und uns sogar schaden kann. Erklären Sie der Gemeinde, daß keiner sterben wird, wenn er einen oder zwei Tage fastet. Ermutigen Sie sie zum Fasten, auch wenn es sich zuerst nur darum handelt, eine oder zwei Mahlzeiten ausfallen zu lassen. Jedes kurze Fasten und jede Art von Fasten ist ein Schritt in die richtige Richtung. Erklären Sie auch, daß ein gewisses Unbehagen oder Beschwerden normal sind und sie trotzdem durchhalten sollen. Erläutern Sie die verschiedenen Arten von Fasten, die in diesem Buch dargestellt sind, und fordern Sie sie auf, eine Art oder eine Kombination daraus auszuwählen.

 Konzentrieren Sie sich auf das Gebet.

Beginnen Sie das Treffen mit einer kurzen Zeit allgemeinen Lobpreises und einer kurzen Botschaft der Ermutigung und Anweisungen. Teilen Sie die Gemeinde für längere Gebetszeiten in kleine Gruppen von sechs bis acht Leuten auf. Sie können auch einen Redner einladen, der über das Thema des Fastens und Betens spricht. Aber verlieren Sie nicht die Dynamik, die entsteht, wenn Menschen in kleinen Gruppen austauschen und beten. Fordern Sie zwischendurch Gemeindeglieder auf, mitzuteilen, was Gott ihnen gezeigt hat. Dies wird die anderen darin bestärken, weiterhin Gottes Nähe zu suchen.

 Richten Sie ein Fastentelefon ein.

Die fastenden Gemeindeglieder sind vielleicht noch unsicher im Fasten oder wissen nicht, was sie beten sollen. Besetzen Sie das Fastentelefon mit jemandem, der Erfahrung im Fasten hat, der ermutigen und Gebetsanliegen nennen kann. Wenn so ein Fastentelefon nicht möglich ist, dann ernennen Sie zwei oder drei aus der Gemeinde, die mit aufkommenden Fragen umgehen können.

 Erwarten Sie nicht, daß alle jeden Tag teilnehmen.

Wahrscheinlich haben Sie eine Gruppe von Leuten, die treu jeden Tag kommen. Manche Gemeindeglieder werden jedoch wegen anderer Verpflichtungen nicht täglich kommen können. Ermutigen Sie sie, zuhause zu fasten und zu beten, wenn sie nicht teilnehmen können. Erkennen Sie auch kleinste Schritte in diese Richtung an.

 Lehren Sie Ihre Leute, Ergebnisse zu erwarten.

Gottes Leute wurden noch nie enttäuscht, wenn sie mit reinem Herzen und wohlgefälligen Motiven gefastet haben. In meiner Gemeinde fasten wir wenigstens einmal zu Neujahr. Oft veranstalten wir auch unter dem Jahr Gebets- und Fastentreffen zu anderen Anlässen. Wir haben immer außergewöhnliche Ergebnisse im Leben der einzelnen, im Dienst der Gemeinde und in unserer Stadt erlebt.

Rechnen Sie damit, daß in Ihrer Gemeinde eine Erweckung beginnen könnte. Vielleicht bekehren sich zahlreiche Menschen. Oder „Karteileichen" werden zum Leben erweckt und fragen nun nach Möglichkeiten, Gott zu dienen. Oder die finanzielle Lage Ihrer Gemeinde verbessert sich so drastisch, daß Sie auf einmal Überschuß haben, den sie für Mission einsetzen können. Oder Ihre Mitarbeiter und Verantwortlichen wollen größere Verantwortung wahrnehmen und führen ihren Dienst künftig mit neuem Eifer und mehr Hingabe an Gott aus. Dadurch haben Sie mehr Zeit für das Gebet und das Wort Gottes, wie bei den Aposteln in der Urgemeinde. Nichts ist Gott unmöglich mit einer Gemeinde, die bereit ist, sich vor ihm zu demütigen.

Unsere größten geistlichen Siege werden auf den Knien und mit leerem Magen errungen. Eine Gemeinde, die zum Fasten und Beten zusammengerufen werden kann, ist ein großes Geschenk an jeden Pastor und an die Kirche Jesu Christi insgesamt.

Dr. Julio C. Ruibal, Pinellas Park, Florida

Anhang C
40 TAGE FASTEN UND BETEN

Erfahrungsbericht von Richard Stevens, Erlangen

S eit meiner Ausreise von Amerika nach Deutschland im Jahre 1982 habe ich meine Heimat nicht aus den Augen verloren. Es bewegt mich, die Zerstörungen durch die Sünde in meinem Land zu sehen. Aber auch hier in meiner zweiten Heimat tut mir die Gottlosigkeit weh. Als ich Bill Brights Buch, „The Coming Revival", im Frühjahr 1995 bekommen habe, war ich für seine Herausforderung innerlich schon vorbereitet, 40 Tage lang zu fasten und zu beten.

Seine Erwartung für eine kommende Erweckung für Amerika und viele Länder der Welt hat mir neue Hoffnung gegeben, aber auch die Sorge gemacht, ob sie vielleicht hier an uns vorübergehen könnte. Es ist bezeichnend für das Wesen Gottes, seinem Volk im voraus zu sagen, was passieren wird. Daß es mit Fasten und Beten verbunden ist, konnte ich gut verstehen. Mein Hauptgrund zu fasten war, für Erweckung in Amerika und Deutschland zu beten. Die Dringlichkeit war mir schon länger klar, denn täglich sterben viele Menschen, ohne Jesus persönlich kennengelernt zu haben. Amerika erlebt bereits das Gericht Gottes. Doch es macht mir Hoffnung, was in Joel 2, 13b-14a steht: „Denn er ist gnädig, barmherzig, geduldig und von großer Güte, und es gereut ihn bald die Strafe. Wer weiß, ob es ihn nicht wieder gereut und er einen Segen zurückläßt."

Meine Fastenzeit dauerte vom 5. September bis zum 14. Oktober 1995. Zunächst habe ich ein Wort-Studium über das Fasten gemacht. In der Bibel kommt es mehrmals vor, daß eine Nation durch Gottes Hören und Reagieren auf ihr Fasten und Beten gerettet wurde: Richter 20,26; 1. Samuel 7,6; 2. Chronik 20,3; Nehemia 4,1; Ester 4,16; Daniel 9,3; Joel 2,12 und Jona 3,5.

Danach habe ich mich nach Psalm 139, 23-24 gerichtet: „Erforsche mich, Gott, und erkenne mein Herz; prüfe mich und erkenne, wie ich's meine. Und sieh, ob ich auf bösem Wege bin, und leite mich auf ewigem Wege." Zuerst war es nötig, einige Sachen zu bekennen und in Ordnung zu bringen. Dann hat der Herr tiefer gebohrt: Ich habe gesehen, daß meine innere Haltung mehr „ein Sehen auf das Meine" war, statt „auf das, was dem anderen dient" (Philipper 2,3). Das galt für mich in meiner Beziehung zu meiner Familie, zum Freundeskreis, zur Gemeinde und zum Beruf. Und Gott führte mich weiter: „Ihn möchte ich erkennen ..." (3,10). Mir wurde bewußt, daß mein bisheriges Alltagsleben nicht völlig auf ihn ausgerichtet war.

Wenn man fastet, geht es um ein Nahekommen zu Gott. Er lädt uns ein: „Nahet euch zu Gott, so naht er sich zu euch." (Jakobus 4,8) Dies wurde für mich eine Beschäftigung mit dem Charakter Gottes, vor allem mit seiner Heiligkeit. In Jesaja 33,14 steht: „Wer kann denn neben einem lodernden Feuer wohnen? Wer hält es aus bei dieser Glut, die nicht aufhört?" Die Heiligkeit Gottes, dieses lodernde Feuer, kann man nicht aushalten. Bildlich gesprochen wollte ich hinter das Kreuz Jesu kriechen und mich dort verstekken. An allen anderen Orten kann man nicht überleben. Ich habe eine neue Liebe für Jesus und für seinen Tod am Kreuz gewonnen. Ich konnte nur noch im Namen Jesu beten, alle anderen Namen waren wertlos geworden.

Danach habe ich mich auf das Sündenbekenntnis für meine zwei Heimatländer konzentriert. Jemand hat Dr. Bright gefragt, warum es unbedingt 40 Tage sein müssen. Er antwortete, weil die Schuld von Amerika so groß ist! Das habe ich auch festgestellt. Ich konnte ein beliebiges Thema, z.B. Hollywood, nehmen und anderthalb Stunden lang die Sünden dieses Ortes bekennen.

Ich habe täglich für meine Verwandtschaft gebetet. Im Oktober konnte ich mich einer weltweiten Gebetsbewegung anschließen und jeden Tag für drei Schlüsselstädte von Afrika bis Japan beten. Gott hat mir zudem viele Gebetsanliegen auf mein Herz gelegt: z.B. die missionarische Studentenarbeit, meine Gemeinde, andere Missionare und meinen Freundeskreis. Diese Gebetszeiten waren freudevoll und mühelos.

Ich habe hauptsächlich Jesaja und Jeremia studiert. Diese beiden Bücher sind sehr motivierend, um für Erweckung zu beten. Ich habe auch viele gute Anregungen von dem Buch „Revival" von Dr. Martyn Lloyd-Jones bekommen; es enthält 24 Predigten über dieses Thema.

Weil meine Fastenzeit vor dem Anfang des Wintersemesters war, konnte ich fast alle anderen Arbeiten zur Seite schieben. Errica, meine Frau, war einverstanden und hat mich sehr ermutigt. Ohne ihr Verständnis wäre es schwierig gewesen. Sie hat in den ersten Tagen mitgefastet, dann ging es ihr aber körperlich nicht gut. Mir wurde klar, daß einige das Fasten ertragen können, andere eher nicht. Unsere drei Kinder wollten auch mitmachen. Sie haben teilweise auf Süßigkeiten verzichtet.

Die erste und die letzte Woche waren am schwierigsten: Am Anfang hatte ich einen Virus von einem Auslandsprojekt miteingeschleppt, und am Ende habe ich eine schlimme Erkältung bekommen. Ich mußte jeweils Antibiotika nehmen. Deshalb war ich nach dieser Zeit ziemlich schwach. Ich war sehr froh und „erleichtert" (8 kg), als der letzte Tag vorbei war!

Danach habe ich unter der Betreuung einer Ernährungswissenschaftlerin Obst- und Gemüsesäfte, ein Vitamin-Mineralpulver und Fastensuppen zu mir genommen, in Verbindung mit einem Darmreinigungsprogramm. Ich habe zuerst Melonen gegessen, dann Obst und Gemüse. Am vierten Tag nach dem Fasten konnte ich schon vier kleinere Mahlzeiten genießen. Gegen Ende der zweiten Woche habe ich dann wieder mit Fleisch, Milchprodukten und Brot angefangen.

Ich habe gelernt, daß eine Erweckung eine souveräne Entscheidung Gottes ist, wofür wir aber beten können und dürfen! Dann bekommt Gott alle Ehre. Ohne Gottes Handeln sind Amerika und Deutschland verloren. Die Zeit ist schon längst reif, für Erweckung in Deutschland zu beten.

Doch Gott hat meine Resignation in Hoffnung umgewandelt! Er hat meine geistliche Kraft erneuert. Mein Leib ist auch entgiftet, und ich kann mich jetzt viel besser konzentrieren. Ich danke dem Herrn, daß er mir erlaubt hat, so eine intensive Gebetszeit zu genießen.

Ich möchte noch einige Bibelstellen nennen, die mir wichtig geworden sind: 1. Petrus 4,7-8; Nehemia 1,4-6; Daniel 9,3-5; Joel 2,12-17; Philipper 3,8-11; Epheser 6,18; Jesaja 62,6-7; 64; 65,1; Jeremia 14,7; 18,7; 25,30-31; Psalm 80,19-20 und 84,2.

Richard Stevens

Richard Stevens leitet die missionarische Studentenarbeit von Campus für Christus an der Universität Erlangen-Nürnberg.

ANMERKUNGEN

1. Kapitel

1. „America in a Bad Mood, Poll Shows", Associated Press, Orlando Sentinel, 21. Sept. 1994.

2. Kapitel

1. Henry T. Blackaby and Claude V. King, Experiencing God (Nashville,TN: Broadman & Holman Publishers, 1994) S. 31.
2. (Die Namensliste des Einladungskomitees kann beim Verlag in Gießen angefordert werden.)

3. Kapitel

1. „Robinson Angered, His Speech With Religious References Canceled By Sarasota Schools", Jet, 20. Juni 1994, S. 23.
2. William J. Bennett, The Devaluing of America, the Fight for Our Culture and Our Children (New York,NY: Summit Books, 1992), S. 204-205.
3. Kathryn Stechert Black, „Reading, Writing and Weapons", Woman's Day, Bd. 1, Ausg. 14, Sektion 1, 1993, S. 75.
4. Bridget Murray, „Human Nature, Attitudes and Age", Psychology Today, April/Mai 1993, S. 96.
5. Murray, S. 96.
6. Black, S. 76.
7. Murray, S. 96.
8. Black, S. 78.
9. Celia W. Dugger, „Youthful, Impressionable and Accused of Murder", The New York Times, 17. Mai 1994, S. A1.
10. Aussage anläßlich des Fasten- und Gebetstreffens vom 5.-7. Dez. 1994 in Orlando,FL.
11. Susan Chira, „Study Confirms Some Fears on U.S. Children", The New York Times, 12. April 1994, S. A1.
12. Nancy R. Gibbs, „Bringing Up Father", Time, 28. Juni 1993, S. 53.
13. Armand Nicholi Jr., Autor für Family Building von George Rekers

(Ventura,CA: Gospel Light Publ., 1985), zitiert in „The Fractured Family", The Rebirth of America, hrsg. von der „Arthur S. DeMoss Foundation", 1986, S. 933.

14. Nicholi, S. 95.
15. Gibbs, S. 55.
16. Allan Bloom, The Closing of the American Mind (New York,NY: Simon and Schuster, 1987), S. 82-83.
17. David Larsen, „The Christian's Resources in the Local Church", in John Woodbridge (Hrsg.), Renewing Your Mind in a Secular World (Chicago,IL: Moody Press, 1985), S. 73-74.
18. Mark A. Noll, „A History of Christianity in the United States and Canada" (Grand Rapids,IA: Wm. B. Eerdmans, 1992), S. 452-453.
19. „More Than 4000 Rally in Support of Fired Principal..." Jet, S. 4-10.
20. Stone v. Graham, 449 U.S. 39 (1980)

4. Kapitel

1. George Barna, The Frog in the Kettle (Ventura,CA: Regal Books, 1990), S. 22-23.
2. Barna, The Frog ..., S. 65
3. George Barna, The Future of the American Family (Chicago,IL: Moody Press, 1993), S. 71.
4. Billy Graham, Storm Warning (Dallas,TX: Word Publishing, 1992), S. 28.
5. Graham, S. 29-30.
6. Barna, The Frog ..., S. 23.

5. Kapitel

1. Winkie Pratney, Revival, (Springdale, PA: Whitaker House, 1984), S. 189.
2. Pratney, S. 190.
3. Pratney, S. 188.
4. Winkie Pratney, Revival: Its Principles and Personalities (La Fayette,LA: Huntington House, 1994), S. 17.
5. David L. McKenna, The Coming Great Awakening (Downers Grove,IL: Inter-Varsity Press, 1990), S. 30.
6. Pratney, S. 31.

7.   Pratney, S. 29.
8.   Pratney, S. 26.
9.   George Wallis, In the Day of Thy Power (Fort Washington,PA: Christian Literature Crusade, 1956), S. 84.
10. J. Edwin Orr, The Event of the Century (Wheaton,IL: Intern. Awakening Press, 1989), S. 275.
11. Orr, S. 274-276.
12. Pratney, S. 17.
13. J. Edwin Orr, Auszug aus The Role of Prayer in Spiritual Awakening, einem Video von Campus Crusade for Christ, Orlando,FL.
14. McKenna, S. 31.
15. Pratney, S. 32.
16. Orr, The Role ... (Video)

6. Kapitel

1.   Arthur Wallis, Fasten - was sagt die Bibel dazu? (Herold-Verlag, Asslar), S. 50. (vgl. Literaturhinweise)
2.   Wallis, S. 47.
3.   Lee Bueno, Fast Your Way to Health: A Guide to Physical Healing and Spiritual Enrichment (Springdale,PA: Whitaker House, 1991), S. 201.
4.   Fastentreffen in Orlando,FL.
5.   Andrew Murray, zitiert nach Wallis, Fasten, S. 50.
6.   Bueno, S. 201.
7.   Bueno, S. 199.
8.   Adam Clarke, Clarke's Commentary (Nashville,TN: Abingdon, n.d.), S. 411.
9.   Norman Grubb, Rees Howells: Intercessor (Fort Washington,PA: Christian Literature Crusade), S. 55.
10. Wallis, S. 82.
11. Wallis, S. 82.
12. Wallis, S. 13.
13. Derek Prince, Fasting (Springdale,PA: Whitaker House, 1986), S. 35. (vgl. Literaturhinweise)

7. Kapitel

1. Richard J. Foster, Nachfolge feiern (Oncken Verlag, Wuppertal), S. 50. (vgl. Literaturhinweise)
2. Prince, S. 44-45.
3. Foster, S. 50.
4. Bob Rodgers, 101 Reasons to Fast (Louisville,KY: Evangel. Christian Life Center, 1994), S. 7.
5. Prince, S. 43.
6. Wallis, S. 56.
7. Wallis, S. 58.

8. Kapitel

1. David R. Smith, Fasting: A Neglected Discipline (Fort Washington,PA: Christian Literature Crusade, 1969), S. 6.
2. Prince, S. 15.
3. Foster, S. 47.
4. 1. Könige 21,9; Nehemia 9,1; Ester 4,3; 9,31; Psalm 35,13; 109,24; Jesaja 58,3.4.6; Jeremia 36,6.9; Daniel 9,3; Joel 2,12; Matthäus 4,2; 6,16.18; Markus 2,18; Lukas 2,37; Apg. 13,2; 14,23.
5. Prince, S. 11-13.
6. Edith Schaeffer, The Life of Prayer (Wheaton,IL: Crossway Books, 1992), S. 75.
7. Smith, S. 6.
8. Smith, S. 21.
9. Smith, S. 23.
10. Smith, S. 24.
11. Foster, S. 55.
12. Schaeffer, S. 75-76.
13. Wesley L. Duewel, Touch the World Through Prayer (Grand Rapids,IA: Francis Asbury Press, 1986), S. 97.
14. Foster, S. 55.
15. Foster, S. 54-55.
16. R. D. Chatham, Fasting: A Biblical-Historical Study (South Plainfield,NJ: Bridge Publishing, 1987), S. 149-153.
17. Smith, S. 73.
18. Foster, S. 51.
19. Bueno, S. 77.
20. Vgl. Bueno, Fast Your Way to Health und Paul C. Bragg, The Miracle of Fasting (Santa Barbara,CA: Health Science, n.d.).

21. Allan Cott, Fasting: The Ultimate Diet (New York,NY: Bantam Books Inc., 1975), S. 63. Vgl. auch Bueno, S. 257-258.
22. Foster, S. 49.
23. Bueno, S. 61.
24. Foster, S. 49.
25. Wallis, S. 142.
26. Bragg, S. 80; Bueno, S. 85-96.

9. Kapitel

1. Unveröffentlichtes Manuskript. Copyright: Evelyn Christenson Ministries. Abdruck mit Erlaubnis.
2. Bueno, S. 207.
3. James F. Balch und Phyllis A. Balch, Prescription for Nutritional Healing (Garden City Park,NY: Avery Publishing Group Inc., 1990) S. 325.
4. Bueno, S. 85-93.
5. Balch, S. 325.
6. Balch, S. 325.

10. Kapitel

1. Vgl. Bragg, S. 82; Wallis, S. 143.
2. Bueno, S. 74-76, 101.
3. Pamela Smith, Zeitschrift Charisma, Mai 1992, S. 100.
4. Bueno, S. 70.
5. Bragg, S. 75.
6. Ruibal, Fastentreffen in Orlando,FL.

11. Kapitel

1. John Price, „May God Heal Our Land", aus America at the Crossroads (Wheaton,IL: Tyndale House, 1979), zitiert nach The Rebirth of America, hrsg. von der „Arthur S. DeMoss Foundation", 1986, S. 155.
2. Pat Robertson, The Turning Tide (Dallas,TX: Word Publishing, 1993), S. 7.
3. McKenna, S. 17-18.
4. Barna, The Frog ..., S. 22.
5. Robertson, Fastentreffen in Orlando,FL.
6. Bearbeitet nach „How to Intercede for Influential Men", The Rebirth of America, S. 193.

7.   Arthur S. DeMoss, „How to Be Sure", zitiert nach „The Rebirth of America", S. 175.
Zum gezielten Gebet für Politiker empfehlen wir das „Gebets-Tagebuch" sowie den Gebetsbrief „Gebet für unser Land", der dreimal jährlich erscheint. Beides erhältlich bei Campus für Christus in Gießen oder in Zürich.

LITERATURHINWEISE

Thomas Grethlein
Heilfasten. Neue Kraft für Körper und Seele
Taschenbuchausgabe, 176 Seiten, verlag moderne industrie (mvg),
München und Landsberg am Lech, 1992. Originalausgabe: Patt-
loch-Verlag, Augsburg, 1990
(Thomas Grethlein ist Oberarzt am Kreiskrankenhaus in Lauingen,
Donau)

Hellmut Lützner
**Wie neugeboren durch Fasten. Abnehmen, Entschlacken,
Entgiften. Der ärztliche Führer zum selbständigen Fasten**
Paperback, 112 Seiten, Gräfe und Unzer Verlag München, 1995.
(Mit Listen von Ärzten, Kliniken, Einkehrhäusern und Einzelperso-
nen in Deutschland, Österreich und der Schweiz; weiterführende
Buchhinweise. - Helmut Lützner ist Facharzt für Innere Medizin
und Physiotherapie sowie Fastenarzt)

Hermann Gerhard und Jürgen Weihofen
**Saftfasten. Vital und fit mit Obst-, Gemüse- und Kräuter-
säften**
Paperback, 93 Seiten, Georg Thieme Verlag Stuttgart, 1993

Derek Prince
**Die Waffe des Betens und Fastens. Wie Christen Welt-
ereignisse verändernd beeinflussen können.**
Taschenbuch, 132 Seiten. Verlage: Junge Gemeinde, Präsenz, Jugend mit einer Mission

Arthur Wallis
Fasten - Was sagt die Bibel dazu?
Taschenbuch, 128 Seiten, Herold-Verlag, Asslar

Ronald J. Sider
Der Weg durchs Nadelöhr. Reiche Christen und Welthunger
Brockhaus-Verlag, Wuppertal (vergriffen)

Richard Foster
Nachfolge feiern. Geistliche Übungen - neu entdeckt
(besonders Kapitel 4 über das Fasten). Paperback, 176 Seiten,
Oncken Verlag, Wuppertal 1982. (vergriffen)

Rick Joyner
Die Vision einer Ernte. Was eine der größten Erweckungen aller Zeiten uns lehrt. (Bericht über die Erweckung in Wales
mit einer Übertragung auf die heutige Situation)
Paperback, 144 Seiten, Projektion J Verlag, Wiesbaden 1994

Marco Gmür
Fasten und Gebet. Ermutigende Impulse für längere Fastenzeiten
Paperback, 126 Seiten, Verlag für kulturbezogenen Gemeindebau
(VKG), CH-Greng/Murten

Fastentage und -wochen: Manche Kommunitäten, Klöster und
Gemeinschaften bieten Fastentage oder -wochen an. Bitte erkundigen Sie sich bei Ihrem Gemeindebüro oder Pfarramt nach solchen
Möglichkeiten.

Unsere Adressen im deutschen Sprachraum:

Campus für Christus	Campus für Christus	Agape Österreich
Postfach 100 262	Josefstr. 206	Weisslhofweg 6
D-35332 Gießen	CH-8005 Zürich	A-5400 Hallein
Tel. 0641-975180	Tel. 01-2722744	Tel. 06245-76012

VITA VON BILL BRIGHT

1921 am 19. Oktober wird Bill Bright in der Nähe von Coweta, Oklahoma, geboren.

1943 schließt Bright sein Studium mit dem Bachelor of Arts in Ökonomie und Soziologie ab.

1944 Bright startet eine Tätigkeit als Geschäftsmann und übernimmt später die Ölfirma seines Großvaters.

1945 widmet Bright sein Leben Jesus Christus und beginnt ein fünfjähriges Studium der christlichen Philosophie und Theologie an den Theologischen Seminaren Princeton und Fuller.

1948 heiratet er Vonette Zachary; 1954 und 1958 werden ihre beiden Söhne geboren.

1951 verkauft er seine Geschäfte und gründet Campus Crusade for Christ, CCC (deutsch: Campus für Christus). Er widmet ab jetzt seine ganze Zeit der missionarischen Studentenarbeit.

1956 entwickelt Bright die „Vier geistlichen Gesetze", eine evangelistische Kurzform des Evangeliums, das weltweit in einer geschätzten Stückzahl von 1,5 Milliarden in über 200 Sprachen eingesetzt wird.

1966 Bright erhält die Ehrendoktorwürde der John Brown Universität.

1972 ist Bright neben dem Evangelisten Billy Graham und dem Astronauten James Irwin Hauptredner auf dem Kongreß EXPLO 72 in Dallas, an dem 85.000 junge Menschen teilnehmen.

1973 Für seinen weltweiten Dienst an der Jugend erhält Bright die Auszeichnung „International Churchman of the Year".

1979 Der Jesus-Film, entstanden auf Anregung Brights, wird fertiggestellt und beginnt seinen Siegeszug um die Welt: mehr als 750 Millionen Menschen haben ihn bis heute gesehen; er wurde in über 350 Sprachen übersetzt.

1985 organisiert CCC die EXPLO 85, die Teilnehmer aus 164 Nationen an 97 Übertragungsorten erreicht. Bill Bright spricht an vielen Veranstaltungsorten.

1988 erhält Bright den „Gold Medallion Book Award" der Evangelikalen Verleger-Vereinigung Amerikas für sein Buch „Witnessing without fear" (deutsch: „Natürlich weitersagen", Hänssler-Verlag).

1992 startet er ein wöchentliches (in Nordamerika ausgestrahltes) Fernsehprogramm unter dem Titel „Keys to Dynamic Living" (deutsch: „Schlüssel zu einem dynamischen Leben").

1994 fastet Bill Bright vierzig Tage lang. Anschließend versammeln sich auf seine Einladung hin mehr als 600 christliche Führungspersönlichkeiten mit ihm für drei Tage des Fastens und Betens für eine geistliche Erneuerung Amerikas.

1996 erhält Bright den „Templeton Preis", die weltweit höchstdotierte Auszeichnung. Er wird jährlich an eine Person vergeben, die „durch außergewöhnliche Originalität das Verständnis der Menschheit von Gott und/oder Spiritualität vorangebracht hat."

Campus Crusade for Christ umfasst 44 einzelne Dienste, von „Athletes in Action" bis zum „Jesus Film Project". Weltweit sind 13.000 vollzeitliche Mitarbeiter im Dienst, davon über 9.000 außerhalb Amerikas. Sie werden unterstützt von mehr als 100.000 ausgebildeten ehrenamtlichen Mitarbeitern.